52周MD
工作手册（2025）

胡春才 著

人民东方出版传媒
People's Oriental Publishing & Media
東方出版社
The Oriental Press

为什么组织氛围很重要？因为一个组织内如果没有自上而下的分享，思考方式的一致性会变得很困难；而如果没有从下往上的分享，技术的推动也会变得困难；同时，如果没有自上而下和从下往上的互动分享结合，此时企业无论有多好的方针也实现不了，也落不了地。

在那些把“52 周MD”转化为自身机体的企业，我们才会感受到高层的方针和方向是很明确的，是容易理解的，人与人之间是很容易亲近的，组织内的信息交流是通畅的，每个人都积极地扮演自己的角色。

——铃木哲男

序 言

自《52 周 MD——周周都有高潮的商品规划》一书于 2021 年 10 月出版发行以来，现已印刷 8 次，成为零售业精细化管理领域的畅销书。该书让大家对于 52 周 MD 的基本原理、理念、技术、方法有了比较深入的系统性的了解，而且我们不仅在该书中解读了日本 52 周 MD 的一些推进经验，还对中国零售市场与日本零售市场的共性与特殊性作了比较有深度的解读。

后来，我们于2023年1月又出版了一本工具书《52周MD工作手册》（2023），期望大家借助这本工具书的引导，能够日拱一卒，每天进步 1%。不过，也正如 2000 多年前苏格拉底要求他的众多弟子每天坚持不断地推举手臂三次这则故事一样，这样一个人人都可以轻轻松松做到的最简单的动作，最后也只有他的最杰出的学生柏拉图做到了。目前我还没有统计过有哪些学员真正把这本手册给做到位的，如果有谁百分之百地天天坚持不断地做到了，请在 2025 年 3 月底以前告诉我，我一定重奖。

如今，我们根据一些企业对于 2023 年工作手册的运用情况，同时借鉴 2024 年推进 52 周 MD 项目中的一些经验，重新设计了这本《52MD 年工作手册》（2025），以期在原有手册的基础上，不断推陈出新，帮助正在困境中挣扎的中国商超企业逃出生天，活下来，发展壮大，并成为全球零售界的标杆。这本手册聚焦于帮助零售企业实现 52 周 MD 技术在中国市场的具体落地实施。

目前，中国的市场环境在全球都属于独一份。在美国，排名前 20 的零售商中只有第二名亚马逊是电商，其余 19 家全部是实体店；欧洲和日本排名前 20 的全部是实体店；而在中国，排名前十的几乎全部是电商平台，实体零售商则被远远地甩在身后。如今，消费者已经变以前的一站式购物习惯为碎片化购物，对商品的品质要求、价格要求更苛刻，情绪化购物的特征也更明显。当消费者能够在 1—3 分钟之内打开若干个主要的 App 比价下单的时候，我们的每一家实体店就相当于在与一个 15 万亿级别的对手竞争。当然，每一个电商平台上的每一家商家其实也同样面临这样的挑战与商机。

像上海、北京这样的一线市场，大部分家庭的 70% 以上的日常用品都是通过网络购买的，需要在线下购买的已经很少了。之所以出现这样的情况，一个根本性的原因在于城市基本是小区集中居住，而且都是以高楼居住为主，这就决定了我们每平方千米的订单密度相当于日本的几倍到十几倍、欧美这些地广人稀国家的十几倍到几十倍，这也决定了在把商品从生产商处搬运到消费者手中的效率上，电商平台会比实体零售商高很多，这种现象在中国的一、二线城市表现得格外明显，而美欧日的电商平台则很难形成这样突出的成本竞争优势。

所以，在这样一种市场背景下，我们的实体零售要如何才能生存下去？我们要如何才能找到与电商平台竞争的合适的竞争策略——差异化，给顾客一个到店购物消费的充分理由？我们认为：能够在全球最残酷的市场上活下来的企业一定会是全球的标杆，就如同中国的乒乓球、美国的篮球。

目前国内很多实体零售企业在数字化方面都投入巨资，线上业务的占比看起来也在节节攀升，但奇怪的是增收不增利，反而那些没怎么在线上业务发力的区域标杆企业日子却过得不错。此外，有一家跨国公司——山姆会员店也在逆周期高速成长，山姆会员店 1996—2016 年年底 21 年间只开了 15 家门店（不含闭店的 2 家），每年新开不足一家，而到 2023 年年底却开到了 47 家门店，为何后面这 7 年能够发展得这么快？核心原因是电商的差异化竞争做得好。从 2018 年开始，山姆会员店开始推“新奇特”商品，尽管以前山姆会员店的商品品质也是不错的，性价比也挺高，但是顾客认知群相对局限于那些有在欧美留学经历的客群和一些高收入客群，普通中产阶层对于山姆的商品的特色的知晓度还是比较低的，但是当山姆实行营采一体化运作之后，采购与营运、企划目标一致，很快就把这些“新奇特”商品在市场上炒热了，加上一轮又一轮的“新奇特”商品的不断涌入，顾客的兴奋度越来越高，山姆单个门店日销也从原先的不足 50 万元的巨亏点，到突破 200 万元的盈亏平衡点，再到突破 300 万、400 万、500 万元的巨大盈利点这些大台阶，甚至高峰时个别门店触摸到日销千万元这样一个不可思议的纪录。

不仅是山姆，我们上年在广西东部打造的一家标杆企业的经验也是如此。该企业 2023 年 1—4 月同店同比销售增长 3.5%、毛利率 -1.45%，4 月培训导入 52 周 MD 技术及其他精细化管理相关技术，5 月在门店落地，6—12 月同店同比销售增长就高达 15.25%、毛利率 12.99%。2024 年 1—2 月又进一步，销售增长 20.5%、毛利率 20.7%，提升效果非常惊人！

为什么？其实这家企业与山姆的变化逻辑基本是一致的。当企业拥有足够多的不只是你自己认为好的商品，而是顾客口口声声赞叹的好商品的时候，顾客持续光顾门店的动力就大大增强了，这比仅仅与线上电商平台比拼价格的竞争模式要好太多了。因为现在的消费者可以在最短的时间内很轻松地在线上的众多平台间比价，找到一款适合自己的最低价商品，而任何一家实体店都不太可能做到比线上任何一家电商平台的价格都低，当你强调你的价格低，而顾客比了几次价格以后发现依然是线上平台的价格更低，那么谁还有动力去你家门店购物呢？

我们认为，在中国这种特殊的市场环境下，如果不能想方设法做到与电商平台的差异化竞争，想要生存下去，那是绝对不可能的！随着无人配送和智能化配送的逐渐渗透，电商平台在物流配送方面的成本效率还会进一步提高，而实体店由于守着门店这个高成本的场，是无法在这方面胜出的，只有另辟蹊径才可能让自己活下去。

运用 52 周 MD 技术在场的价值上大做文章，让消费者切切实实地感受到你的商品很独特，很值得光临你这家门店，如此你在消费者眼中才有生存下去的价值。

在这本书中，我们就把推进成功的相关企业的经验沉淀其中，既有推进的思路、方法，也有诸多成功的营销案例供大家参考。相信只要大家打开思路、坚持不懈，一定可以找到自己的逃出生天之门。

我有哪些优势

我们生活的时代充满了前所未有的机会。如果你拥有雄心和智慧，无论你的起点如何，你都可以成为自己所选择职业领域的顶尖人物。但是，与机会相伴的还有责任。

今天的公司已经不再管理员工的职业发展。因此，知识工作者必须有效地成为自己个人的首席执行官。你要开拓自己的天地，明白何时调整方向，并且在可能长达 50 年的工作生涯期间坚持工作，富有生产力。

为了出色地做好这些工作，你需要深刻地了解自己，不仅包括自己的优劣势，而且包括你的学习方式、你与他人共事的方式、你的价值理念以及你可以做出最大贡献的方面等。因为只有从个人优势做起，你才能够真正实现卓越。

——彼得 · 德鲁克《 卓有成效管理者的实践 》

52周MD

第1季度

工作手册

月历							周备注	
一	二	三	四	五	六	日	第　周	第　周
		1	2	3	4	5		
		元旦	初三	初四	初五	小寒		
6	7	8	9	10	11	12		
初七	腊八节	三九	初十	十一	十二	十三		
13	14	15	16	17	18	19		
十四	十五	十六	十七	四九	十九	二十		
20	21	22	23	24	25	26		
大寒	廿二	北小年	南小年	廿五	廿六	五九		
27	28	29	30	31				
廿八	除夕	春节	初二	初三				
一	二	三	四	五	六	日	第　周	第　周
					1	2		
					初四	初五		
3	4	5	6	7	8	9		
立春	六九	初八	初九	初十	十一	十二		
10	11	12	13	14	15	16		
十三	十四	元宵节	七九	情人节	十八	十九		
17	18	19	20	21	22	23		
二十	雨水	廿二	廿三	廿四	八九	廿六		
24	25	26	27	28				
廿七	廿八	廿九	三十	二月				
一	二	三	四	五	六	日	第　周	第　周
					1	2		
					龙抬头	初三		
3	4	5	6	7	8	9		
九九	初五	惊蛰	初七	初八	国际妇女节	初十		
10	11	12	13	14	15	16		
十一	十二	植树节	十四	十五	国际消费者权益日	十七		
17	18	19	20	21	22	23		
十八	十九	二十	春分	廿二	廿三	廿四		
24	25	26	27	28	29	30		
廿五	廿六	廿七	廿八	廿九	三月	初二		
31								
上巳节								

周备注			其他备注
第　　周	第　　周	第　　周	第1季度
第　　周	第　　周	第　　周	
第　　周	第　　周	第　　周	

第 1 季度 | 每季一谈

如何应对电商的竞争？

- 认清商超企业与电商平台的优劣势之所在
  - 电商平台的优势与劣势
    - 搬运工的成本与效率优势
    - 巨大的规模优势与边际效益递增的马太效应
    - 非标类的品质不确定、少品多量带来的消费不经济
  - 商超企业的优势与劣势
    - 给顾客带去品质的确定性，品种多、一次性购买量小
    - 场的优势可以创造新的价值
    - 纯粹搬运工的高成本与低效率
- 如何把场的优势发挥出来，变包袱为财富
  - 浓缩精选商品品项、充分展示商品的价值
  - 把生鲜商品的品质确定性表现得淋漓尽致
  - 食材深加工，即加工生鲜的增值价值

- 必须运用组合拳来应对竞争
  - 价值营销 + 价格促销
  - 高价值用户 + 有价值用户 + 价格偏好型用户一起抓
  - 好东西吸引人，价格冲击力产生爆发力
- 单纯的标准化已经难以发挥团队的潜能，必须实行标杆化才能最大限度地激发团队的潜能
  - 变你必须为我能够、变要我干为我要干、变我谋生为我快乐

月度计划甘特图	1	2	3	4	5	6	7	8	9	10	11
	周三	周四	周五	周六	周日	周一	周二	周三	周四	周五	周六

本周待办 To Do List	周	Mon 一	Tues 二
	W1	30 二九	31 腊月
	W2	6 初七	**7 腊八节**
	W3	13 十四	14 十五
	W4	**20 大寒**	21 廿二
	W5	27 廿八	**28 除夕**

12	13	14	15	16	17	18	19	20	21	22	23	24	25	26	27	28	29	30	31
周日	周一	周二	周三	周四	周五	周六	周日	周一	周二	周三	周四	周五	周六	周日	周一	周二	周三	周四	周五

Wed 三	Thur 四	Fri 五	Sat 六	Sun 日
1 元旦	2 初三	3 初四	4 初五	**5 小寒**
8 三九	9 初十	10 十一	11 十二	12 十三
15 十六	16 十七	17 四九	18 十九	19 二十
22 北小年	**23 南小年**	24 廿五	25 廿六	26 五九
29 春节	30 初二	31 初三	1 初四	2 初五

1 月 | 指导思想

重点商品应该如何选择？

- 重点商品应该如何选择
  - 按照铃木老师的定义，重点商品有五种
  - 上年同期好销、现在也好销的商品
  - 各种媒体在做广告的商品
  - 季节性商品及商品生命周期中需要推广的商品
  - 本周应该重点售卖的商品
  - 企业的战略性商品、高毛利商品、上年卖得不好但本年可能好卖的商品、现在不好卖但经过培育可以成为核心商品的商品
- 重点商品选择时应该按照价值营销和价格促销做明显的区隔
  - 只有把价值营销商品和价格促销商品分开，才能抓住重点中的重点
  - 在初始阶段，价值营销与价格促销的商品品项比为 1 ∶ 9 到 2 ∶ 8，但是采购及门店的资源投入则是 5 ∶ 5，甚至是 6 ∶ 4
  - 一定要在价值营销商品上面花大力气，因为价值营销的效应是长期的，不像价格促销商品都是一次性的，一家企业的商品品质感主要是靠价值营销商品来打造的
- 生鲜商品中选择特色商品作为突破
  - 蔬菜中的特色蔬菜 / 水果中的各种特色水果、著名产地的特色水果
  - 水产中的特色水产 / 肉品中的特色猪肉如黑毛猪肉，各种特色禽类鸡鸭鹅 / 全国各地的特色牛羊驴兔等

- 生鲜加工商品中选择特色商品作为突破
  - 生鲜加工商品选择特色熟食，比如知名的卤牛肉、扒猪脸、烤鸭烤鸡、烧鸡烤鹅、酱鸭酱鹅等
  - 各种净菜 / 配菜类名菜等
  - 中式面点中的各种特色面点
  - 西式烘焙面包中的各种特色面包
- 食品类商品中选择高潜能新商品
  - 酒类、饮料类、冲饮营养品类
  - 粮油调味类 / 休闲食品类
  - 日配乳制品类
- 洗化、纸品等与季节关联度不大的百货类，选择高潜能新商品
  - 个人洗护品类、家用洗化品类
  - 生活用纸品类 / 小家电品类中的厨房家电
- 与季节性高度相关的软百、硬百类商品，选择高性价比的商品
  - 床品 / 穿着类、鞋子、袜子、帽子手套 / 洗漱用毛巾类
  - 厨房客厅等家用商品 / 小家电中的电扇、取暖器等与季节强相关的商品

1月 | 精彩案例

52周MD“作”之道，春节营销案例解析

春节市场的营销，是任何一家商超企业一年中最重要的营销大战，春节营销不仅要实现首战开门红，还要为全年的预算目标达成奠定坚实的基础。

深入理解52周MD理论与“作”的内涵

52周MD理论，即将一年分为52周，每周以重点商品为中心，采购、企划、营运门店等全体员工目标一致，共同努力售卖重点商品。这一理论的核心在于以周为单位，进行重点商品的采购、企划、门店销售的一系列计划，实现三者的联动。“作”就是计划，是整个销售活动的起点和基础。

客户企业提前3个月就启动了春节采购规划。他们从消费者的角度出发，进行了深入的本地及周边区域，乃至全国的市场调研，通过一系列扎实的数据分析，评估了水果、坚果、禽类、休闲食品等诸多品类在节日期间的销售潜力，并确定了当年的重点商品和次重点商品，为引爆春节市场作好了充分准备。

精心选定重点商品与次主力商品

在商品规划阶段，客户企业采购部门结合市场需求和消费者喜好，精心选定了一系列重点商品（也是主力单品）和次主力商品。

在水果品类中，脆甜可口的进口车厘子力压群雄，被确定为重点商品，精心挑选了Regina品种车厘子。采购部门通过与一线供应商的紧密合作，确保货源充足、品质优良、价格合理。

坚果品类中，开心果和巴旦木由于营养丰富、口感出众，深受消费者青睐，

自然入选重点商品，同时如 2023 年的《52 周 MD 工作手册》中所举例的，采购部门在全国各地调研，选择了在当地市场性价比最高的开心果品种。此外，传统坚果如核桃、松子等也作为次主力商品受到关注。

禽类商品中选了两款特色鸡鸭作为主力商品；休闲食品品类，则选择了一部分非常有销售潜力的包装和散装休闲食品的新品作为价值营销的重点商品，还有其他的一些畅销老品作为次主力商品。

实施价值营销与价格促销组合策略

对于主力单品，客户企业采用了价值营销的策略。他们通过强调车厘子、开心果、巴旦木、特色禽类等诸多重点商品的产地属性、高品质、独特口感和营养价值，提升商品的品牌形象和市场认可度。同时，结合春节期间的传统文化元素，进行包装设计和宣传推广，使这些商品成为消费者节日购物的不二之选。例如，他们设计了精美的礼盒包装，将车厘子与开心果、巴旦木等坚果类商品组合在一起，形成了一款寓意吉祥、适合送礼的“春节大礼包”，深受消费者喜爱。

而对于次主力商品，客户企业则采用了多种多样的价格促销策略，诸如满减、折扣等，刺激消费者的购买欲望。同时，利用门店的陈列展示和广告宣传，突出这些商品的性价比和优惠力度，提高销售转化率，让便宜的商品表现得更加便宜。

采购部门的关键作用

在春节销售整个过程中，采购部门发挥了举足轻重的作用。选对商品是关键，能够在复杂的市场环境中、在万千家供应商中挑选到最合适的商品，并确保稳定的货源和品质，对于采购而言是一个很大的考验。采购在选对商品以后，还要把准确的商品信息精准地传递给企划和营运门店，让后续的企划和门店销售动作跟自己能够步调一致。很多企业往往是在这一点上各自为政，形成内耗，造成即便采购选对了商品，企划和门店也难以卖对商品！

由于客户企业很精准地命中了重点商品，买对了商品，也卖对了商品，同时价值营销和价格促销有效组合、相互协同，既满足了顾客购买“新奇特”商品的过好日子的需求，又满足了他们追求同等品质尽可能低价的省钱诉求，最终实现了春节前一周重点商品所在品类阴历同比增长 1—2 倍，整体客流量增长 15%、客单价增长 5%、全品类销售业绩增长 20% 以上的惊人业绩。

热爱生活，享受当下的美好。

放下宽度，活好深度，快乐的生活状态才是自己。

一切的幸福都是因为爱与喜欢。

——胖东来的文化

2025 年 1 月

第 1 周

12/30—01/05

本周备选主题关键词

跨年、元旦、小寒

本周重点商品推荐

机能饮料 / 曲奇 / 散装糖果 / 洗衣液 / 消毒液 / 洗发水 / 坚果类 / 樱桃类 / 干果

本周要争做的标杆品类：

标杆伙伴 PI 值：　　我的 PI 值：　　与标杆差：

平均伙伴 PI 值：

我打算怎么做：

Mon 一	Tues 二	Wed 三	Thur 四	Fri 五	Sat 六	Sun 日
30 二九	31 腊月	1 元旦	2 初三	3 初四	4 初五	5 小寒

本周标杆：

标杆有哪些方面是做得好的：

我可以改进的方面 / 如何向标杆借鉴学习：

专题讨论：

2025 年 1 月

第2周

01/06 ~ 01/12

本周备选主题关键词

腊八节、三九

本周重点商品推荐

冷冻面点 / 散装糖果巧克力 / 打扫用具 / 春节年货商品 / 花卉 / 干货类

本周要争做的标杆品类：

标杆伙伴 PI 值：　　我的 PI 值：　　与标杆差：

平均伙伴 PI 值：

我打算怎么做：

Mon 一	Tues 二	Wed 三	Thur 四	Fri 五	Sat 六	Sun 日
6 初七	7 腊八节	8 三九	9 初十	10 十一	11 十二	12 十三

本周标杆：

标杆有哪些方面是做得好的：

我可以改进的方面 / 如何向标杆借鉴学习：

专题讨论：

2025 年 1 月

第 3 周

01/13 ~ 01/19

本周备选主题关键词

四九

本周重点商品推荐

猪牛肉 / 散装糖果巧克力 / 水产干货 / 豆制品 / 花卉 / 厨房用品 / 节庆饰品 / 春节年货商品

本周要争做的标杆品类：

标杆伙伴 PI 值： 我的 PI 值： 与标杆差：

平均伙伴 PI 值：

我打算怎么做：

Mon 一	Tues 二	Wed 三	Thur 四	Fri 五	Sat 六	Sun 日
13 十四	14 十五	15 十六	16 十七	17 四九	18 十九	19 二十

本周标杆：

标杆有哪些方面是做得好的：

我可以改进的方面 / 如何向标杆借鉴学习：

专题讨论：

2025 年 1 月

第 4 周

01/20 ~ 01/26

本周备选主题关键词

大寒、小年、五九

本周重点商品推荐

节庆饰品 / 春节年货商品 / 调味品 / 散装糖果巧克力 / 干果 / 蜜饯 / 休闲零食 / 厨房 / 一次性用品

本周要争做的标杆品类：

标杆伙伴 PI 值：　　我的 PI 值：　　与标杆差：

平均伙伴 PI 值：

我打算怎么做：

Mon 一	Tues 二	Wed 三	Thur 四	Fri 五	Sat 六	Sun 日
20　大寒	21　廿二	22　北小年	23　南小年	24　廿五	25　廿六	26　五九

本周标杆：

标杆有哪些方面是做得好的：

我可以改进的方面 / 如何向标杆借鉴学习：

专题讨论：

2025 年 1 月 —2 月

第 5 周

01/27 ~ 02/02

本周备选主题关键词

除夕、春节、长假

本周重点商品推荐

肉类 / 水产类 / 水果礼盒 / 休闲食品 / 酒类 / 果汁饮料 / 保健品 / 打扫用具

本周要争做的标杆品类：

标杆伙伴 PI 值：　　我的 PI 值：　　与标杆差：

平均伙伴 PI 值：

我打算怎么做：

Mon 一	Tues 二	Wed 三	Thur 四	Fri 五	Sat 六	Sun 日
27 廿八	28 除夕	29 春节	30 初二	31 初三	1 初四	2 初五

本周标杆：

标杆有哪些方面是做得好的：

我可以改进的方面 / 如何向标杆借鉴学习：

专题讨论：

本月标杆：

标杆有哪些方面是做得好的：

我可以改进的方面 / 如何向标杆借鉴学习：

专题讨论：

本月主要工作内容总结：

存在的问题分析与改进措施：

月度计划甘特图	1	2	3	4	5	6	7	8	9	10	11
	周六	周日	周一	周二	周三	周四	周五	周六	周日	周一	周二

本周待办 To Do List	周	Mon 一	Tues 二
	W5	27 廿八	28 除夕
	W6	**3 立春**	4 六九
	W7	10 十三	11 十四
	W8	17 二十	**18 雨水**
	W9	24 廿七	25 廿八

12	13	14	15	16	17	18	19	20	21	22	23	24	25	26	27	28	1	2	3
周三	周四	周五	周六	周日	周一	周二	周三	周四	周五	周六	周日	周一	周二	周三	周四	周五	周六	周日	周一

Wed 三	Thur 四	Fri 五	Sat 六	Sun 日
29 春节	30 初二	31 初三	1 初四	2 初五
5 初八	6 初九	7 初十	8 十一	9 十二
12 元宵节	13 七九	**14 情人节**	15 十八	16 十九
19 廿二	20 廿三	21 廿四	22 八九	23 廿六
26 廿九	27 三十	28 二月	1 龙抬头	2 初三

2 月 | 指导思想

如何表演每周的重点商品

- IP/PP/VP 的有效利用
  - IP（item presentation）单品陈列，如何在货架区间有效地展示商品
  - PP（point of sales presentation）要点陈列，如何在端架以及货架顶端营造小场景来有效地展示商品
  - VP（visual presentation）情景营造，按照重点主题，将重点商品进行情景打造
- 重点商品的表演既要关注促销期的现场表现及销售效果，更要关注促销后的常态效应，即营销沉淀
  - 促销期要把商品的品质感表演出来
  - 促销期结束后要缓慢涨价或缓慢地分阶段地复原价格
  - 促销后能否保持商品力是营销成败的关键
- 要说出商品本身说不出的话，全方位展示商品的独到品质
  - 绝大多数顾客都是根据购物单进店购物的，很少有人有时间一节一节货架地慢慢看、慢慢地比较商品
  - 如何让顾客用最短的时间去接触新商品，是提升新商品成活率的关键，也是在新商品中培养后续能够接班、能够拉动品类持续增长的第二增长曲线的关键
  - 一定要展示出商品的外包装无法表达出来的商品的品质感，比如通过打开外包装，让顾客看到里面的东西是什么样的，然后通过试吃、试用、

试闻、试摸等来充分展现商品品质

- 把重点商品的表演与带动氛围结合起来
  - 重点商品的表演是成本很高的，所以一定要表演到位
  - 门店需要一些氛围带动才会有气氛，才会有活跃感，才会有烟火气，顾客才愿意来逛
  - 通过重点商品的品质表演来带动整个门店的氛围非常关键
- 把重点商品的表演与购物动线结合起来
  - 重点商品的表演区域既要热闹，又不能成为门店通道的堵点
  - 既要放在显眼的地方，又要考虑让顾客顺畅地通过
- 把重点商品的表演与激发员工的干劲、与快乐地工作关联起来
  - 这是很关键的一点，就像各种比赛一样，尽管运球、防守、跑位等也很关键，但最能够调动球员兴奋点的一定是投篮和射门等关键动作，在零售企业中重点商品的销售就是这个关键点
  - 它能够极大地激发员工的工作热情

2 月 | 精彩案例

企划为主导，以消费者为中心的火锅主题案例

在 52 周 MD 中，“作—演—调”中的“作”是非常关键的环节，在这一环节中，企划也扮演了非常关键的角色。下面我们就来看看，在冬季火锅主题火爆销售的成功案例中，企划是如何运作的。

火锅作为冬季餐桌上的热门选择，承载着人们对温暖、团聚、美味的期待。然而，面对激烈的市场竞争和多样化的消费需求，简单的锅底、食材、蘸料搭配上一些氛围陈列已经难以打动消费者的心。因此，深入了解消费者需求成为火锅主题企划的首要任务。

早在 10 月，客户企业的企划便开始了对火锅市场的调研工作。他们通过顾客调研问卷收集大量基础资料，分析了火锅的种类、各地的火锅类型以及当地人口状况和偏好组合等信息。这些调研数据为后续的火锅主题企划提供了有力的依据。

在充分了解消费者需求的基础上，客户企业开始进行火锅主题的商品企划，他们分别确立了重庆火锅、潮汕牛肉系列火锅、四川火锅、港式打边炉、羊肉火锅、北京火锅等六个具有不同风味的热门火锅主题。

同时，他们也意识到，要想让消费者眼前一亮，就必须在火锅食材的种类、品质、口味、搭配等方面下功夫。而要做到这一点，就需要从源头重新进行商品挑选。他们没有简单地从已有的商品池中选择，而是派出专业的采购团队深入各个产地，与供应商面对面交流，挑选最符合消费者需求的优质食材。

在挑选过程中，他们不仅注重食材的新鲜度和口感，还关注其营养价值和安全性，并且还通过与供应商的深入合作，争取到了更优惠的价格和更稳定的供货。这样一来，他们不仅在商品品质上获得了优势，还在价格上具有

了竞争力。

这种从源头重新挑选商品的做法在重点商品上体现得尤为明显。重点商品是吸引消费者的关键因素之一，如果重点商品品质不佳或价格不具优势，那么整个主题对消费者的吸引力就会大打折扣。因此，客户企业在挑选各个火锅节的重点商品时更是慎之又慎，力求做到最好。

在上述火锅主题的引导下，采购完成了商品的采购计划后，要如何将这些精心挑选的商品及生活提案生动地展示给消费者，激发他们的购买欲望呢？这对于企划又是一个新的挑战。

他们根据每周推进的不同的火锅主题制作了精美的吊旗、POP等宣传物料，通过POP展示不同种类的火锅该怎么吃、当地人为什么喜欢这种火锅、各种小故事等，营造出浓厚的火锅氛围。这些宣传物料不仅烘托了卖场的氛围，还普及和强化了顾客对于如何吃更好吃的火锅的专业知识。

同时，企划还指导各门店设置了专门的火锅主题陈列区。在这个区域内，各种火锅食材、锅底、蘸料等分类展示得井井有条，方便消费者选择。在饮料和百货搭配方面，客户企业也进行了精心的设计。他们选择了与火锅口味相配的饮料和调味品，以及能够提升用餐体验的锅具和餐具等百货商品。这些细节的考虑不仅增加了商品的附加值，精美的陈列和生动的展示方式也让消费者仿佛置身于一个火锅的世界，让消费者在购物过程中感受到更多的便利和愉悦，极大地丰富了他们的购物体验。

此外，为了进一步增强与消费者的互动和沟通，企划还策划了各种有趣的火锅主题活动，比如现场烹饪示范、火锅知识宣传视频、短视频活动等。这些活动不仅让消费者在购物过程中感受到更多的乐趣和惊喜，还进一步提升了他们对于品牌的认同感和忠诚度。

从上述案例中不难看出，对于这一类整合型的大型营销活动，企划在“作—演—调”的“作”当中所扮演的角色还是非常关键的，他们既总揽全局又穿针引线，把采购与营运门店很好地撮合到了一起，演出了一场精妙的营销大戏！

尊重、信任、认可、鼓励、帮助！

胖东来的对员工好是有着严谨的逻辑的，尊重是一切的前提，如果我们不是从对员工尊重出发去对员工好，那么一切的好都是逆向的，是虚伪的、无效的。

有了尊重，然后才是对员工信任，相信员工是向善的，相信他们是值得信任的，是能够把事情做好的。

只有信任员工，才会对他们的工作予以认可和欣赏，员工被认可了，才会生发出足够的自信，当一个人有自信的时候，他的创造力、创新力、把每一件事情做到令人惊叹的程度才有可能发生。

认可之后才是鼓励，鼓励既可以是对做得好的事情的口头或物质奖赏，也可以是对不太圆满的事情的包容，只要员工确确实实是全力以赴地做了，就值得我们鼓励。

最后，当员工受到鼓励后，结果仍然不太理想，此时便需要我们给予他们必要的帮助，给他们一个梯子，让他们能够达到良好的效果，比如胖东来会对一些新开的门店达不到预期的绩效给予比较宽松的考核激励政策，这便是帮助。

——对胖东来的对员工好的内涵的解读与感悟

2025 年 2 月

第6周

02/03 ~ 02/09

本周备选主题关键词

立春、六九、返工

本周重点商品推荐

保暖用品 / 调味品 / 糕点 / 点心 / 能量饮料 / 咖啡 / 茶叶

本周要争做的标杆品类：

标杆伙伴 PI 值：　　　　我的 PI 值：　　　　与标杆差：

平均伙伴 PI 值：

我打算怎么做：

Mon 一	Tues 二	Wed 三	Thur 四	Fri 五	Sat 六	Sun 日
3　立春	4　六九	5　初八	6　初九	7　初十	8　十一	9　十二

本周标杆：

标杆有哪些方面是做得好的：

我可以改进的方面 / 如何向标杆借鉴学习：

专题讨论：

2025 年 2 月

第 7 周

02/10 ~ 02/16

本周备选主题关键词

元宵节、情人节、七九

本周重点商品推荐

冷冻汤圆 / 水饺 / 巧克力 / 鲜花 / 女士用品 / 美容美发用品 / 护理用品 / 鸡尾酒

本周要争做的标杆品类：

标杆伙伴 PI 值：　　　　我的 PI 值：　　　　与标杆差：

平均伙伴 PI 值：

我打算怎么做：

Mon 一	Tues 二	Wed 三	Thur 四	Fri 五	Sat 六	Sun 日
10　十三	11　十四	12　元宵节	13　七九	14　情人节	15　十八	16　十九

本周标杆：

标杆有哪些方面是做得好的：

我可以改进的方面 / 如何向标杆借鉴学习：

专题讨论：

2025 年 2 月

第 8 周

02/17 ~ 02/23

本周备选主题关键词

雨水、八九

本周重点商品推荐

中成药膳 / 水产干货 / 巧克力 / 山药薯片 / 滋补保健酒 / 功能奶 / 水果罐头 / 园艺工具 / 种子 / 保温杯

本周要争做的标杆品类：

标杆伙伴 PI 值：　　我的 PI 值：　　与标杆差：

平均伙伴 PI 值：

我打算怎么做：

Mon 一	Tues 二	Wed 三	Thur 四	Fri 五	Sat 六	Sun 日
17　二十	18　雨水	19　廿二	20　廿三	21　廿四	22　八九	23　廿六

本周标杆：

标杆有哪些方面是做得好的：

我可以改进的方面 / 如何向标杆借鉴学习：

专题讨论：

2025 年 2 月—3 月

第 9 周

02/24 ~ 03/02

本周备选主题关键词

龙抬头

本周重点商品推荐

床上用品 / 保暖用品 / 冲调 / 蔬菜 – 菌类 / 进口桃李

本周要争做的标杆品类：

标杆伙伴 PI 值：　　我的 PI 值：　　与标杆差：

平均伙伴 PI 值：

我打算怎么做：

Mon 一	Tues 二	Wed 三	Thur 四	Fri 五	Sat 六	Sun 日
24 廿七	25 廿八	26 廿九	27 三十	28 二月	1 龙抬头	2 初三

本周标杆：

标杆有哪些方面是做得好的：

我可以改进的方面 / 如何向标杆借鉴学习：

专题讨论：

本月标杆：

标杆有哪些方面是做得好的：

我可以改进的方面 / 如何向标杆借鉴学习：

专题讨论：

本月主要工作内容总结：

存在的问题分析与改进措施：

月度计划甘特图	1	2	3	4	5	6	7	8	9	10	11
	周六	周日	周一	周二	周三	周四	周五	周六	周日	周一	周二

本周待办 To Do List	周	Mon 一	Tues 二
	W9	24 廿七	25 廿八
	W10	3 九九	4 初五
	W11	10 十一	11 十二
	W12	17 十八	18 十九
	W13	24 廿五 **31 上巳节**	25 廿六

12	13	14	15	16	17	18	19	20	21	22	23	24	25	26	27	28	29	30	31
周三	周四	周五	周六	周日	周一	周二	周三	周四	周五	周六	周日	周一	周二	周三	周四	周五	周六	周日	周一

Wed 三	Thur 四	Fri 五	Sat 六	Sun 日
26 廿九	27 三十	28 二月	**1 龙抬头**	2 初三
5 惊蛰	6 初七	7 初八	**8 国际妇女节**	9 初十
12 植树节	13 十四	14 十五	**15 国际消费者权益日**	16 十七
19 二十	**20 春分**	21 廿二	22 廿三	23 廿四
26 廿七	27 廿八	28 廿九	29 三月	30 初二

3 月 | 指导思想

突出打造第二增长曲线

- 为什么打造第二增长曲线这么重要
  - 第一增长曲线会越来越乏力，销售额难以提升，毛利空间更是越来越小，最后是赔钱赚吆喝，所以在第一增长曲线后面一定要快速地培养第二增长曲线
  - 第二增长曲线并不是我们想培养就能培养出来的，它需要花大力气，精准地选中商品，投入合适的资源，最后才可能将这些重点商品培养成第二增长曲线
- 生鲜板块如何打造第二增长曲线
  - 当生鲜品类没有第二增长曲线时，会产生什么结果？
    - 商品始终没有特色，门店始终只能满足 K 线消费曲线的下端需求，而无法高攀不期而遇的 K 线上端需求
    - 门店对顾客会逐渐失去吸引力，会很容易令顾客产生审美疲劳
  - 怎样才可能打造出生鲜板块的第二增长曲线
    - 生鲜的特色商品是生鲜各个品类的最好的第二增长曲线的候选者，只要善于去挖掘和打造这些特色商品
    - 要有走遍千山万水的勇气和实干精神，也可以与当地各品种最大的水果经营批发商合作，重点选择特色商品予以突破
  - 生鲜品类的第二增长曲线的特点是什么
    - 稀缺性、独特性、时尚性、共鸣性

        - 要能够比第一增长曲线拉升得更高，第二增长曲线才有价值，否则只能带来品类的销售能力的退化

- 食品板块如何打造第二增长曲线
    - 当食品品类没有第二增长曲线时，会是什么结果？
        - 食品品类会极度“内卷”，我们除了打价格战，还是拼命地打价格战，而且基本上是赔钱赚吆喝，因为第一增长曲线的价格已经极为透明，毛利空间已经极小
        - 食品品类的品牌号召力强，顾客对于食品类的品牌信任度要大大高于其他品类
    - 怎样才可能打造出食品板块的第二增长曲线
        - 顾客的货币投票是最好的筛选器和商品伯乐，我们要善于利用顾客的货币投票去发现那些高潜能的新商品，然后把这些新商品培养成第二增长曲线
        - 要有走遍千厂万坊的勇气和实干精神，要敢于尝试新品
- 建立新品培养机制，让那些高潜能新品尽快地脱颖而出
    - 食品品类的第二增长曲线的特点是什么
        - 时尚性、独特性、共鸣性，不能太曲高和寡
        - 第二增长曲线的爆发力要比第一增长曲线强，这样才能推动品类的持续增长

- 非食品板块如何打造第二增长曲线
  - 当非食品品类没有第二增长曲线时，会产生什么结果
    - 非食品的功能聚集力强，消费者对于功能的信任度和欣赏度常常大于品牌，非食品中的个人洗护类和家庭洗涤用品类，大家对于品牌的信任度比较高，而对于软百、硬百类商品，则更看重其功能
    - 功能的物理寿命常常比较长，但是时尚寿命、科技寿命却常常很短，可能今年的衣服过几年还可以穿，但是有可能过一两个月这件衣服已经不时尚了，很多人就会觉得穿不出去了
    - 所以，非食品品类如果缺乏第二增长曲线时，就会让人感觉这里的商品陈旧、落伍，尽管这些商品从物理属性来看还是新的，没人用过、穿过
  - 怎样才可能打造出非食品板块的第二增长曲线
    - 采购必须对功能时尚保持高度敏感
    - 要善于在各种展会中发现潮流、时尚的变动，去发现机会点
  - 非食品品类的第二增长曲线的特点是什么
    - 时尚性、功能性、共鸣性，找到大家兴趣点的最大公约数
    - 第二增长曲线的爆发力要比第一增长曲线强，这样才能推动品类的持续增长
    - 要善于创造更多的第二增长曲线

- 打造第二增长曲线容易犯的错误
  - 剃头挑子一头热，采购、企划、营运门店没有同向同频共进
  - 还是用熟品标品来打造第二增长曲线，其实是第一增长曲线的续命
  - 只是关注价格的变化，没有把商品品质的表演展现放在突出的地位
  - 只重视促销期的表现，不注重后续的沉淀效应，导致狗熊掰玉米掰一个丢一个，最后就只剩下一个，事倍功半

3 月 | 精彩案例

精准洞察需求，快速响应——端午节营销活动

端午节是中国民间传统节日，在每年农历五月初五如期而至。包粽子、赛龙舟、挂艾草菖蒲、点雄黄酒，这些传统习俗不仅是对历史的传承，更是对文化的热爱与尊重。

在这样一个充满竞争与机遇的时代，如何精准把握消费者需求，成为企业赢得市场的关键。在 52 周 MD 的精确定义中，第一条就强调要将顾客“现在想要的商品”在“想要的时候”进行“非常及时的”售卖，这不仅是提升销售业绩的捷径，更是企业持续发展的基石。

在广西，我们的客户超市便以一场精彩的端午节营销活动，完美诠释了这一理念。他们深谙消费者心理，通过事先收集广西当地端午节中的习俗、目标客户的生活习惯，再结合顾客问卷调研，全方位、多角度地洞察了消费者对端午节传统食品的需求。

有了这份精准的市场情报，超市采购部门如鱼得水，迅速锁定了主力商品——板栗仁，及次主力商品——糯米。他们凭借敏锐的市场洞察力和丰富的采购经验，提前制定了周密的采购策略，从源头上确保了商品的品质。同时，他们还巧妙地运用价值营销和价格促销策略，将板栗仁打造成节日明星商品，以卓越品质、口感和营养价值吸引消费者目光；而将糯米作为亲民之选，通过实惠的价格和丰富的促销活动，赢得了消费者的青睐。

为了营造浓厚的节日氛围，超市企划部门更是倾尽全力。他们精心设计了海报、横幅、展板等宣传物料，将端午节的主题和商品特色展现得淋漓尽致。

门店的执行力度也丝毫不逊色。他们严格按照企划部门的要求进行布置，将板栗仁、糯米等端午节相关商品陈列在显眼位置，形成了强烈的视觉冲击。

跨部门的重点商品集中陈列和联动销售策略更是锦上添花，吸引了大量消费者驻足选购。门店还提供了贴心的试吃服务，让消费者在购物的同时也能享受到美食的乐趣。此外，周末举办的包粽子比赛更是将活动推向了高潮，消费者在欢声笑语中感受到了传统节日的独特魅力。

在采购、企划、营运门店三部门的共同努力下，这场端午节营销活动取得了空前的成功。单品销售数据同比飙升 279%，单品销售占低温品类的 25%，毛利率高达 13%。这些令人瞩目的成绩背后，是超市对顾客需求的精准把握和对市场变化的敏锐洞察。他们用实际行动诠释了“以消费者为中心”的经营理念，用卓越的业绩证明了“精准洞察需求，快速响应”的市场竞争力。

正是对 52 周 MD 精确定义的深入理解和践行、对顾客需求的敏锐洞察，以及全体员工的共同努力和协作精神，才实现了这次销售的较大突破。这次经验也为我们提供了一个宝贵的启示：在未来的市场竞争中，只有以“52 周 MD”为指导，紧密围绕消费者需求展开营销活动，才能在激烈的市场竞争中脱颖而出，赢得消费者的喜爱和忠诚。

2025 年 3 月

第 10 周

03/03 ~ 03/09

本周备选主题关键词

九九、惊蛰、女生节、国际妇女节

本周重点商品推荐

卫生用品 / 花卉 / 巧克力 / 水发蔬菜 / 园艺相关 / 禽肉

本周要争做的标杆品类：

标杆伙伴 PI 值：　　我的 PI 值：　　与标杆差：

平均伙伴 PI 值：

我打算怎么做：

Mon 一	Tues 二	Wed 三	Thur 四	Fri 五	Sat 六	Sun 日
3 九九	4 初五	5 惊蛰	6 初七	7 初八	8 国际妇女节	9 初十

本周标杆：

标杆有哪些方面是做得好的：

我可以改进的方面 / 如何向标杆借鉴学习：

专题讨论：

2025 年 3 月

第 11 周

03/10 ~ 03/16

本周备选主题关键词

植树节、“3・15”

本周重点商品推荐

园艺相关 / 花卉 / 水产品 / 面点类 / 热带水果类 / 休闲食品 / 野营用品

本周要争做的标杆品类：

标杆伙伴 PI 值：　　我的 PI 值：　　与标杆差：

平均伙伴 PI 值：

我打算怎么做：

Mon 一	Tues 二	Wed 三	Thur 四	Fri 五	Sat 六	Sun 日
10 十一	11 十二	12 植树节	13 十四	14 十五	15 国际消费者权益日	16 十七

本周标杆：

标杆有哪些方面是做得好的：

我可以改进的方面 / 如何向标杆借鉴学习：

专题讨论：

2025 年 3 月

第12周

03/17 ~ 03/23

本周备选主题关键词

春分

本周重点商品推荐

食用油 / 调味品 / 个人护理用品 / 厨房清洁用品 / 洗涤用品 / 美容护肤品 / 卫生巾 / 纸巾 / 休闲食品

本周要争做的标杆品类：

标杆伙伴 PI 值：　　我的 PI 值：　　与标杆差：

平均伙伴 PI 值：

我打算怎么做：

Mon 一	Tues 二	Wed 三	Thur 四	Fri 五	Sat 六	Sun 日
17 十八	18 十九	19 二十	20 春分	21 廿二	22 廿三	23 廿四

本周标杆：

标杆有哪些方面是做得好的：

我可以改进的方面 / 如何向标杆借鉴学习：

专题讨论：

2 0 2 5 年 3 月

第 13 周

03/24 ~ 03/30

本周备选主题关键词

本周重点商品推荐

根茎类 / 浆果类 / 海鲜类 / 野餐食品类 / 运动装备类 / 家居清洁类 / 个人护理类 / 园艺用品类

本周要争做的标杆品类：

标杆伙伴 PI 值：　　我的 PI 值：　　与标杆差：

平均伙伴 PI 值：

我打算怎么做：

Mon 一	Tues 二	Wed 三	Thur 四	Fri 五	Sat 六	Sun 日
24 廿五	25 廿六	26 廿七	27 廿八	28 廿九	29 三月	30 初二

本周标杆：

标杆有哪些方面是做得好的：

我可以改进的方面 / 如何向标杆借鉴学习：

专题讨论：

本月标杆：

标杆有哪些方面是做得好的：

我可以改进的方面 / 如何向标杆借鉴学习：

专题讨论：

本月主要工作内容总结：

存在的问题分析与改进措施：

让上司了解情况

我认为，显而易见地，人要么是“阅读型”，要么是“倾听型”……

既是“阅读型”又是“倾听型”的人难得一见。通常法庭上的辩护律师必须做到这样。

如果我们对一位“阅读型”的人侃侃而谈，可谓浪费时间。他们只有在阅读以后才能听得进去他人讲话。

同样，如果向一位“倾听型”的人提交厚厚的一叠报告，也是徒劳无功，因为他只能通过别人的口头表达理会其意图。

——彼得 · 德鲁克《卓有成效管理者的实践》

52 周 MD

▸ 第 2 季度 ◂

工作手册

月历							周备注	
一	二	三	四	五	六	日	第　周	第　周
	1	2	3	4	5	6		
	愚人节	初五	寒食节	清明	初八	初九		
7	8	9	10	11	12	13		
世界卫生日	十一	十二	十三	十四	十五	十六		
14	15	16	17	18	19	20		
十七	十八	十九	二十	廿一	廿二	谷雨		
21	22	23	24	25	26	27		
廿四	地球日	廿六	廿七	廿八	廿九	三十		
28	29	30						
四月	初二	初三						
一	二	三	四	五	六	日	第　周	第　周
			1	2	3	4		
			劳动节	初五	初六	青年节		
5	6	7	8	9	10	11		
立夏	初九	初十	十一	十二	十三	母亲节		
12	13	14	15	16	17	18		
十五	十六	十七	十八	十九	二十	廿一		
19	20	21	22	23	24	25		
廿二	廿三	小满	廿五	廿六	廿七	廿八		
26	27	28	29	30	31			
廿九	五月	初二	初三	初四	端午节			
一	二	三	四	五	六	日	第　周	第　周
						1		
						儿童节		
2	3	4	5	6	7	8		
初七	初八	初九	芒种	十一	十二	十三		
9	10	11	12	13	14	15		
十四	十五	十六	十七	十八	十九	父亲节		
16	17	18	19	20	21	22		
廿一	廿二	廿三	廿四	廿五	夏至	廿七		
23	24	25	26	27	28	29		
廿八	廿九	六月	初二	初三	初四	初五		
30								
初六								

周备注			其他备注
第　　周	第　　周	第　　周	第2季度
第　　周	第　　周	第　　周	
第　　周	第　　周	第　　周	

第 2 季度 | 每季一谈

区域零售必须掌握零售截拳道才能够活下去

- 什么是截拳道，零售截拳道又是什么
    - 截拳道是一代武术宗师李小龙于 20 世纪 70 年代开创的，至今仍然深得各国武术搏击界的认同，李小龙是以人的身体主轴为中心，以最短的距离、最有效的方式击倒对方，所以他把中华咏春拳中的寸拳飞踢扫腿、拳击中的直拳与勾拳、泰拳中的顶膝肘击、跆拳道中的劈腿、柔道柔术中的背摔等技术动作糅合在一起，形成了非常有效的武术搏击技术
    - 把 52 周 MD 所主张的各种价值营销的方法与零售企业自己熟悉的价格促销的套路有效嫁接，在有限的商圈内最大化转化有效客流，贡献足够的毛利，让自己活下去！这就是零售截拳道
- 以前的企业发展主旋律是单业态寻求规模化经营，现在则是在有限的区域空间内让自己先活下来
    - 中国零售业的主旋律，特别是在商超领域，那些跨区域发展的零售商主要采取两种业态：一大一小。大就是大卖场，小则是便利店，基本上在 2017 年以前，电商对于整个市场的影响力还不是那么大的时候（2017 年占社会消费品零售总额的 15%），无论是跨区域跨省的零售企业，还是仅仅在各个地区发展的零售企业，基本上都以大卖场这个业态为主流
    - 但是之后大卖场业态的赢利能力越来越差，越来越拖各家企业的后腿了，此时社区超市（标超）和便利店的发展进入了快车道
    - 目前，在一、二线城市中一般家庭的网上购物占比已经高达 70%—80%

的情况下，实体零售企业的生存空间已经被大大地挤压了。此时，发展壮大不再是主旋律，活下去已经变成大多数实体零售企业追求的目标了

- 当大卖场中熟品、标品的销售额大幅度下降，毛利率也大幅度下降的时候，以前各个大卖场赖以生存的食百品类对于企业生存发展的供血能力已经严重不足，特别是大家熟悉的一、二线品牌的商品的毛利率已经是非常低了

■ 怎样吃骨头上的肉

- 当原来能够带来巨大销量和毛利的一、二线品牌的熟品标品这些大肥肉，实体商超能够吃到的已经越来越少的时候，我们就必须做好啃骨头肉的准备了
- 啃骨头肉自然没有吃大肥肉那么省心，一是一口下去往往吃不到多少肉，二是啃得不好牙齿还受损，但是能够啃到骨头肉，能够让自己在这种残酷的市场竞争环境中生存下去，这是比其他一切都重要的选择
- 食品、非食品这些主要由搬运工价值链带来的肥肉型的毛利贡献仍然得抓，尽管份额是越来越少了，这一块重点通过变革供应链，也就是尽可能从源头采购、缩短供应渠道，与供应商构建新的合作模式等手段，来挖掘毛利和销售机会，目前诸多的折扣店和区域零售企业就是这个思路
- 生鲜商品这一块儿，分生鲜原料销售和生鲜加工这两大板块，生鲜原料销售包括蔬菜、水果、肉、水产、干货等品类，这一块要从特色化角度去挖掘潜力，营造差异化；生鲜加工则包括熟食、面点、烘焙食品、净菜、配菜，这些是消费者满足方便快捷的生活需求，同时也满足膳食生活升级，希望吃得更好、更营养、更健康的关键支撑点

月度计划甘特图	1	2	3	4	5	6	7	8	9	10	11
	周二	周三	周四	周五	周六	周日	周一	周二	周三	周四	周五

本周待办 To Do List	周	Mon 一	Tues 二
	W14	31 上巳节	**1 愚人节**
	W15	**7 世界卫生日**	8 十一
	W16	14 十七	15 十八
	W17	21 廿四	**22 地球日**
	W18	28 四月	29 初二

12	13	14	15	16	17	18	19	20	21	22	23	24	25	26	27	28	29	30	1
周六	周日	周一	周二	周三	周四	周五	周六	周日	周一	周二	周三	周四	周五	周六	周日	周一	周二	周三	周四

Wed 三	Thur 四	Fri 五	Sat 六	Sun 日
2 初五	**3 寒食节**	**4 清明**	5 初八	6 初九
9 十二	10 十三	11 十四	12 十五	13 十六
16 十九	17 二十	18 廿一	19 廿二	**20 谷雨**
23 廿六	24 廿七	25 廿八	26 廿九	27 三十
30 初三	1 劳动节	2 初五	3 初六	4 青年节

4 月 | 指导思想

突出标杆化的推进思路

- 标杆化与标准化的内在逻辑
  - 标杆化是最高水平的标准，是活的持续提升的标准
  - 标准是起点的标杆，是死的标杆，是相对静态的标杆
- 标准化与标杆化的适用场景
  - 当一切是确定的，不需要发挥下属的创造性的时候，采取标准化是合适的，这样可以获得最高的效率，比如高度统一化的折扣店
  - 当一切都不太确定的时候，需要充分发挥下属积极性、创造性的时候，此时采用标杆化就比较合适
  - 企业推进价值营销需要标杆化，而推进价格促销则需要标准化
- 为什么现在需要标杆化
  - 价值营销对于门店在“演”方面的创造性要求比较高，需要门店因地制宜，把自己的积极因素充分地利用起来，才可能实现突破
  - 当所有电商平台已经把便宜和方便做到极致的时候，此时再仅仅用方便和便宜去吸引顾客到店购物的理由已经不存在了，顾客此时还愿意去门店购物，是因为他们还不死心，还希望能够在门店找到在电商平台上找不到的东西，是希望能够在线下真正获得想要的东西！对于商品品质的确定性的需求，也就是买到非常中意的确定性的好东西，已经成为顾客光顾门店的充分理由！我们只有把这一点在实体店内充分地演绎出来、表演出来，才可能吸引和挽留足够多的顾客光顾实体店，让自己活下去

- 让顾客通过视觉、听觉、嗅觉、触觉、味觉、心觉来感知购物的乐趣，来获得真正想要的好东西，这就叫门店活性化。要做到门店活性化，仅靠标准化是不够的，还必须在一些关键点上运用标杆化的激励管理手段

- 怎样推进标杆
  - 积极创造条件让标杆涌现出来，让标杆一开始就有一个比较高的起点
  - 发现标杆，关注标杆，总结和推广标杆经验
  - 人人学习标杆、赶超标杆，特别是那些高于平均水平但低于标杆的，就要学习并赶超标杆，而那些低于平均水平的则要整改，先力求达到平均水平
- 推进标杆中容易犯的错误
  - 急于求成，未作铺垫，未作辅导，便急于树立标杆
  - 没有让标杆经验及时普及
  - 没有形成人人争当标杆的热烈的氛围，大家对当标杆表现冷漠，此时的标杆化就会变成形式主义

4月 | 精彩案例

端午节烧猪肉的销售奇迹

52周MD并不是简单地将一年划分为52周，它是一种以消费者为中心，根据消费者的生活习惯习俗规律进行精准的商品规划的理念。它要求企业深入了解消费者的需求和风俗习惯，按照节气、节日等重要时间节点，提前规划好消费者的膳食、消费生活提案，赢得消费者的满意，从而带来销售业绩的增长。

端午节，作为商超企业最为倚重的三大节日（端午、中秋、春节）之一，市场地位很高。在这个特殊的重大节日里，粽子、艾草、龙舟等元素肯定是不可或缺的，但除此之外，如何突破常规思维，用创新的商品和营销策略吸引消费者，确实是每个企业都需要思考的问题。

我们的客户企业就通过精心策划的具有广西特色的烧猪肉的销售活动，实现了销售的飞跃式增长。在平时，烧猪肉虽然也是门店的常规商品之一，但由于缺乏特色和亮点，销售一直平平。然而，在端午节的餐桌提案规划中，采购部门敏锐地捕捉到了消费者对于节日美食的渴望和追求，决定将烧猪肉这一广西特色商品作为重点商品进行推广。

为了确保活动的成功，企业在活动前进行了深入的产品分析与顾客消费习惯调研。他们发现，虽然烧猪肉在口感和营养价值上都有着不错的表现，但由于价格相对较高，很多消费者并不愿意尝试。于是，企业决定从两个方面入手，对烧猪肉进行全面的优化和升级。

在价格方面，企业通过与供应商的深入沟通和合作谈判，成功降低了采购成本，从而为消费者提供了更加实惠的价格。同时，在门店陈列上，他们采用了整只烧猪摆放的方式，让消费者能够直观地感受到烧猪肉的新鲜和美味。顾客可以根据自己的需求，让门店营业员现场切割。这种灵活的销售方式不仅满足了消费者的个性化需求，也增加了购买的趣味性和互动性。

此外，企业还将烧猪肉按照不同部位分别进行定价，以提高销售毛利率。这种精细化的销售策略不仅提高了商品的毛利率，也让消费者能够根据自己的偏好和开支预算进行更加合理的选择。

最终，这一系列精心策划的销售活动取得了显著的效果。在整个端午节周期中，烧猪肉这个单品从原本的 C 类商品提升到了 A 类商品，单品销售量达到了惊人的数吨，销售额同比增长了 1309.67%，毛利率更是高达 16%，平均 PI 达到了 2500。

2025 年 3 月—4 月

第 14 周

03/31 ~ 04/06

本周备选主题关键词

寒食节、清明

本周重点商品推荐

叶菜类 / 核果类 / 红肉类 / 养生食品类 / 户外装备类 / 祭祀用品类 / 家庭清洁类 / 美容护肤类 / 园艺用品类

本周要争做的标杆品类：

标杆伙伴 PI 值：　　我的 PI 值：　　与标杆差：

平均伙伴 PI 值：

我打算怎么做：

Mon 一	Tues 二	Wed 三	Thur 四	Fri 五	Sat 六	Sun 日
31　上巳节	1　愚人节	2　初五	3　寒食节	4　清明	5　初八	6　初九

本周标杆：

标杆有哪些方面是做得好的：

我可以改进的方面 / 如何向标杆借鉴学习：

专题讨论：

2025 年 4 月

第 15 周

04/07 ~ 04/13

本周备选主题关键词

世界卫生日

本周重点商品推荐

蔬菜类 / 瓜果类 / 红肉类 / 杂粮类 / 户外装备类 / 家居用品类 / 美容护肤类 / 园艺用品类

本周要争做的标杆品类：

标杆伙伴 PI 值：　　我的 PI 值：　　与标杆差：

平均伙伴 PI 值：

我打算怎么做：

Mon 一	Tues 二	Wed 三	Thur 四	Fri 五	Sat 六	Sun 日
7 世界卫生日	8 十一	9 十二	10 十三	11 十四	12 十五	13 十六

本周标杆：

标杆有哪些方面是做得好的：

我可以改进的方面 / 如何向标杆借鉴学习：

专题讨论：

2025 年 4 月

第 16 周

04/14 ~ 04/20

本周备选主题关键词

谷雨

本周重点商品推荐

瓜果类 / 杂粮类 / 鲜肉类 / 户外装备类 / 家居用品类 / 美容护肤类

本周要争做的标杆品类：

标杆伙伴 PI 值：　　我的 PI 值：　　与标杆差：

平均伙伴 PI 值：

我打算怎么做：

Mon 一	Tues 二	Wed 三	Thur 四	Fri 五	Sat 六	Sun 日
14　十七	15　十八	16　十九	17　二十	18　廿一	19　廿二	20　谷雨

本周标杆：

标杆有哪些方面是做得好的：

我可以改进的方面 / 如何向标杆借鉴学习：

专题讨论：

2025 年 4 月

第 17 周

04/21 ~ 04/27

本周备选主题关键词

地球日

本周重点商品推荐

叶菜类 / 浆果类 / 禽肉类 / 杂粮类 / 户外装备类 / 家居用品类 / 个人护理类

本周要争做的标杆品类：

标杆伙伴 PI 值：　　我的 PI 值：　　与标杆差：

平均伙伴 PI 值：

我打算怎么做：

Mon 一	Tues 二	Wed 三	Thur 四	Fri 五	Sat 六	Sun 日
21 廿四	22 地球日	23 廿六	24 廿七	25 廿八	26 廿九	27 三十

本周标杆：

标杆有哪些方面是做得好的：

我可以改进的方面 / 如何向标杆借鉴学习：

专题讨论：

本月标杆：

标杆有哪些方面是做得好的：

我可以改进的方面 / 如何向标杆借鉴学习：

专题讨论：

本月主要工作内容总结：

存在的问题分析与改进措施：

月度计划甘特图	1	2	3	4	5	6	7	8	9	10	11
	周四	周五	周六	周日	周一	周二	周三	周四	周五	周六	周日

本周待办 To Do List	周	Mon 一	Tues 二
	W18	28 四月	29 初二
	W19	**5 立夏**	6 初九
	W20	12 十五	13 十六
	W21	19 廿二	20 廿三
	W22	26 廿九	27 五月

12	13	14	15	16	17	18	19	20	21	22	23	24	25	26	27	28	29	30	31
周一	周二	周三	周四	周五	周六	周日	周一	周二	周三	周四	周五	周六	周日	周一	周二	周三	周四	周五	周六

Wed 三	Thur 四	Fri 五	Sat 六	Sun 日
30 初三	**1 劳动节**	2 初五	3 初六	**4 青年节**
7 初十	8 十一	9 十二	10 十三	**11 母亲节**
14 十七	15 十八	16 十九	17 二十	18 廿一
21 小满	22 廿五	23 廿六	24 廿七	25 廿八
28 初二	29 初三	30 初四	**31 端午节**	1 儿童节

5 月 | 指导思想

实体零售应该如何确立自己的相对竞争优势？

- 如何充分发挥实体零售独特的场的功能和价值
  - 商品周转的节点和存储的功能和价值
  - 商品品质表演的功能和价值，给到顾客购物的确定性
  - 商品浓缩的功能和价值，节省顾客挑选商品的时间
  - 商品增值的功能和价值，生鲜食材被零售商加工成半成品和成品
- 储存与周转商品的功能，即搬运工价值链，也就是场的搬运功能已经被电商完美地替代了
- 商品品类品项浓缩的功能
  - 当顾客明确自己现在需要什么的时候，特别是对于品牌和商品品名都很确定的时候，此时电商是能够帮助我们节省时间的，但是当顾客为“今天吃什么好呢”“今天中午该吃什么呢”“今天晚上该吃什么呢”“现在有什么好吃的呢”这些问题而发愁的时候，此时实体商超能够在几分钟内提供给顾客一览无余的选项
  - 山姆会员店和开市客（COSTCO）就给顾客提供了很有限的品项数（大约 4000 个 SKU），大大地节省了顾客挑选商品所花费的时间
- 全方位展示和表演商品的功能
  - 在这个消费日益个性化的时代，消费者越来越需要购买到让自己完全中意的商品，特别是对于商品的内在品质能够立体地确认——“这就是我想要的！”

- 实体店可以通过商品的全方位展示和店员的服务，让顾客通过视觉、听觉、嗅觉、味觉、触觉、心觉充分感受到商品的内在品质，从而买到自己喜欢的商品

■ 加工生产商品创造新价值的功能

- 食材升值
- 中国博大的膳食文化，为顾客提供他们想要的美食特色菜 / 拿手菜商品
- 新鲜短保特色商品，是实体超市的撒手锏

5 月 | 精彩案例

“演”在零售中的力量——福建霞浦海带销售案例解析

在 52 周 MD 的框架下，“作—演—调”成为商品管理的核心流程，其中“演”作为商品与消费者之间的“初次邂逅”，其重要性不言而喻。如何做好演、该怎么演，希望通过我们的客户企业一次成功的“演”，能给其他零售企业一些启示。

福建霞浦海带养殖历史悠久，品质上乘，是干货部门的经典商品。然而，长期以来，它一直被简单地包扎后放置在货架上，默默无闻。在竞争激烈的零售市场，虽然这样的陈列方式能够产生一些销售，但很显然难以充分吸引消费者的目光，销量自然不尽如人意。

为了改变这一现状，我们决定从“演”这一环节入手，对霞浦海带的陈列方式进行大刀阔斧的改革。采购部门先从源头精心挑选了霞浦海带，确保每一片海带都符合高品质标准。企划部门则设计了醒目的宣传吊牌和生活提案 POP，用生动的图片和文字展示了海带的营养价值、多种美味诱人的特色菜谱，如海带排骨汤、凉拌海带等。

在门店层面，配合更是达到了前所未有的高度。首先，所有海带被拆开包装，以更加自然、诱人的姿态呈现在消费者面前。利用陈列道具进行特别陈列，不仅强化了海带的视觉效果，还方便顾客触摸和挑选。此外，门店在高峰时段推出了试吃活动，让顾客在购物的同时就能品尝到海带的美味。员工还接受了专门的培训，以便向顾客详细介绍海带的营养价值和烹饪方法。

经过一周的密集推广，福建霞浦海带的销量达到了数吨，毛利率 9.95%，毛利同比增长 461%。更令人欣喜的是，通过商品的关联陈列，这一单品的热销还带动了干货部门其他品类的联动提升，整个部门品类的毛利同比增长 261%。

这一案例的成功，不仅归功于门店对于“演”这一环节的创造性的执行力，还得益于采购、企划和门店之间的紧密配合。它启迪我们：在零售行业中，商品陈列不仅是摆放整齐那么简单，更需要从消费者的角度出发，用富有创意和吸引力的方式展示商品的价值和魅力。同时，门店的配合也至关重要，通过试吃、推荐等方式，可以让顾客更加直观地感受到商品的魅力，把好商品与好生活、过好日子关联起来，从而充分激发其购买欲望。

展望未来，我们相信“演”在零售中发挥的力量将越来越强大。随着消费者需求的日益多样化和个性化，如何在有限的货架空间内抓住他们的眼球，将成为每家零售企业必须面对的挑战。因此，我们需要不断创新陈列方式，提升门店配合度，让每一件重点商品都能成为吸引消费者的“明星”。同时，我们也需要关注消费者需求的变化趋势，及时调整商品结构和陈列策略，以保持持续的市场竞争力。

2025 年 4 月—5 月

第 18 周

04/28 ~ 05/04

本周备选主题关键词

劳动节、青年节

本周重点商品推荐

叶菜类 / 热带水果类 / 海鲜类 / 杂粮类 / 户外装备类 / 家居用品类 / 个人护理类 / 休闲食品类

本周要争做的标杆品类：

标杆伙伴 PI 值：　　　我的 PI 值：　　　与标杆差：

平均伙伴 PI 值：

我打算怎么做：

Mon 一	Tues 二	Wed 三	Thur 四	Fri 五	Sat 六	Sun 日
28　四月	29　初二	30　初三	1　劳动节	2　初五	3　初六	4　青年节

本周标杆：

标杆有哪些方面是做得好的：

我可以改进的方面 / 如何向标杆借鉴学习：

专题讨论：

2025 年 5 月

第 19 周

05/05 ~ 05/11

本周备选主题关键词

立夏、母亲节

本周重点商品推荐

烘焙 / 皮肤护理 / 鲜花 / 瓜果类 / 提子类 / 热带水果类 / 保健品 / 女士用品

本周要争做的标杆品类：

标杆伙伴 PI 值：　　我的 PI 值：　　与标杆差：

平均伙伴 PI 值：

我打算怎么做：

Mon 一	Tues 二	Wed 三	Thur 四	Fri 五	Sat 六	Sun 日
5　立夏	6　初九	7　初十	8　十一	9　十二	10　十三	11　母亲节

本周标杆：

标杆有哪些方面是做得好的：

我可以改进的方面 / 如何向标杆借鉴学习：

专题讨论：

2025 年 5 月

第 20 周

05/12 ~ 05/18

本周备选主题关键词

立夏、母亲节

本周重点商品推荐

烘焙 / 皮肤护理 / 鲜花 / 瓜果类 / 提子类 / 热带水果类 / 保健品 / 女士用品

本周要争做的标杆品类：

标杆伙伴 PI 值： 我的 PI 值： 与标杆差：

平均伙伴 PI 值：

我打算怎么做：

Mon 一	Tues 二	Wed 三	Thur 四	Fri 五	Sat 六	Sun 日
12 十五	13 十六	14 十七	15 十八	16 十九	17 二十	18 廿一

本周标杆：

标杆有哪些方面是做得好的：

我可以改进的方面 / 如何向标杆借鉴学习：

专题讨论：

2025 年 5 月

第 21 周

05/19 ~ 05/25

本周备选主题关键词

小满

本周重点商品推荐

豆类 / 杂粮粥类 / 瓜果类 / 热带水果类 / 皮肤护理用品 / 捕蚊类

本周要争做的标杆品类：

标杆伙伴 PI 值：　　我的 PI 值：　　与标杆差：

平均伙伴 PI 值：

我打算怎么做：

Mon 一	Tues 二	Wed 三	Thur 四	Fri 五	Sat 六	Sun 日
19 廿二	20 廿三	21 小满	22 廿五	23 廿六	24 廿七	25 廿八

本周标杆：

标杆有哪些方面是做得好的：

我可以改进的方面 / 如何向标杆借鉴学习：

专题讨论：

2025 年 5 月—6 月

第 22 周

05/26 ~ 06/01

本周备选主题关键词

端午节、儿童节

本周重点商品推荐

进口水果 / 桃李类 / 粽子 / 加工蛋类 / 鲜活水产 / 杂粮豆类 / 保健食品 / 文体玩具

本周要争做的标杆品类：

标杆伙伴 PI 值： 我的 PI 值： 与标杆差：

平均伙伴 PI 值：

我打算怎么做：

Mon 一	Tues 二	Wed 三	Thur 四	Fri 五	Sat 六	Sun 日
26 廿九	27 五月	28 初二	29 初三	30 初四	31 端午节	1 儿童节

本周标杆：

标杆有哪些方面是做得好的：

我可以改进的方面 / 如何向标杆借鉴学习：

专题讨论：

本月标杆：

标杆有哪些方面是做得好的：

我可以改进的方面 / 如何向标杆借鉴学习：

专题讨论：

本月主要工作内容总结：

存在的问题分析与改进措施：

月度计划甘特图	1	2	3	4	5	6	7	8	9	10	11
	周日	周一	周二	周三	周四	周五	周六	周日	周一	周二	周三

本周待办 To Do List	周	Mon 一	Tues 二
	W22	26 廿九	27 五月
	W23	2 初七	3 初八
	W24	9 十四	10 十五
	W25	16 廿一	17 廿二
	W26	23 廿八 / 30 初六	24 廿九

12	13	14	15	16	17	18	19	20	21	22	23	24	25	26	27	28	29	30	1
周四	周五	周六	周日	周一	周二	周三	周四	周五	周六	周日	周一	周二	周三	周四	周五	周六	周日	周一	周二

Wed 三	Thur 四	Fri 五	Sat 六	Sun 日
28 初二	29 初三	30 初四	31 端午节	**1 儿童节**
4 初九	**5 芒种**	6 十一	7 十二	8 十三
11 十六	12 十七	13 十八	14 十九	**15 父亲节**
18 廿三	19 廿四	20 廿五	**21 夏至**	22 廿七
25 六月	26 初二	27 初三	28 初四	29 初五

6 月 | 指导思想

品类管理与 52 周 MD 的正合与奇胜

- 如何正确理解“品类管理以正合，52 周 MD 以奇胜”，正合、奇胜如何有效配合才可能取得市场竞争的奇效
  - 品类管理就是从顾客的消费需求和消费场景出发，把握和设计商品的品类结构，并确定相应的商品组合、陈列、定价、促销等营销策略与战术
  - 52 周 MD 是以重点商品为核心，实现采购—企划—营运门店同向同频共进，进而达到企业综合运营力提升、门店活性化、打造智慧共享的组织这三重目的，最终实现顾客眼中的“有趣的门店”、员工眼中的“快乐的工作”
  - 孙子云：凡战者，以正合，以奇胜。故善出奇者，无穷如天地，不竭如江海。汉武帝手下有两员大将，一个是卫青，另一个是霍去病。卫青重在稳扎稳打、步步为营，是以正合。霍去病则千里奔袭，不按常理出牌，以奇制胜。同样的道理，品类管理着眼全品类、全客群，精心布局，缜密精细，是正合；而 52 周 MD 则着眼于重点商品，突出重点，如同武林高手聚集全身的力气于一点瞬间爆发，以奇制胜
- 品类管理以八步法来设计、运营品类结构，使得商品结构不臃肿、不缺失，方便顾客来到店里买到自己想要的
  - 企业经过高品质的品类管理的推进，一定可以实现商品动销率大大增强，商品结构体型匀称，既无臃肿的赘肉，同质化商品少，也无明显的品类品牌和功能缺失，差异化商品丰富，让目标客户群感觉想买的都能够买到
  - 如果我们的品类管理设计看起来很好看，结果商品动销率低、臃肿与缺品缺项并存，商品竞争力没有提升，整体销售同比没有增加，这样的品

类管理一定是“绣花枕头”

- 52 周 MD 以重点商品为核心，强调采购—企划—营运门店的同向同频共进的一体化运营，有武术奇招中的聚集全身力气于一点瞬间出击的意味，强调的是爆发力
  - 在电商时代，消费者一站式购齐的购物逻辑被打破，由于消费者在网上搜索交易信息、完成交易过程的时间成本极低，所以，人们每一次购物，追求极致性价比的需求变得极为强烈，而不会像以前那样为一次性购齐而妥协。此时，若是实体店仅仅把商品结构设计齐全，已经难以吸引顾客光临门店了，而是一定要有一些类似于知名餐馆的特色菜之类的特色商品才会构成顾客光顾门店的充分理由
  - 碎片化购物趋势非常明显，消费者几乎可以利用一切碎片时间在各个网站上选购所需要的商品
  - 实体店应针对消费者网上购物的痛点，发挥自身的特有优势，满足消费者的特定需求，并像知名餐馆打造特色菜那样打造这一卖点。与电商平台相比，实体店的品项数占比可能只有电商平台的 10% 上下，但是对于门店在消费者心目中的影响力却无比巨大
- 品类管理如同汉武帝手下的卫青，稳步推进、步步为营；而 52 周 MD 则如同霍去病，长途奔袭、一招制敌。没有卫青，难有霍去病的成就；而没有霍去病，仅靠卫青，西汉的版图也难以扩张
  - 品类管理需要解决哪些核心问题
    - 全面中的重点，在定位中明确需要突破的重要品类，也就是目标性品类和优先常规品类

- 商品动销率优先于品类齐全，在优势品类中实现品类齐全，非优势品类中以动销为优先原则
- 在功能、品牌、价格带、规格之中，功能永远优先，品牌与价格带谁优先视情况而定

◆ 52 周 MD 又需要解决哪些核心问题

- 第二增长曲线能否培养起来
- 食百品类中的新商品培养机制的建立
- 生鲜品类中的特色商品培养机制的建立

◆ 采购—企划—营运门店之间的同向同频共进机制的打造

- 大主题，企划举大旗
- 小主题，采购要有魂
- 采购举旗，企划和营运门店追随

◆ 如何用标杆机制去推动 52 周 MD 的落地生根

- 采购：我要上春晚
- 门店：我要做标杆
- 要形成全员争当标杆的良好氛围

6 月 | 精彩案例

在 52 周 MD 的要求中，为了与消费者的购买行为和需求同步，实现同频共振，就要将消费者的生活日历作为商品规划的重要参考。暑假作为每年一度的重要时段，对于快消品企业而言，是一个不可忽视的销售机遇。如何在这段时间内精准把握消费者需求，提前规划并推出符合市场趋势的重点商品，是对采购和企划部门的营销策划能力的一大考验。

暑假是学生和家庭休闲、旅游的高峰期，也是快消品销售的黄金时段。在这个时段，消费者的购买行为呈现出明显的特点：一方面，由于学生放假在家，家庭休闲食品的需求大幅增加；另一方面，随着气温的升高，清爽、解馋的小食成为消费者的首选。

基于对市场趋势和消费者需求的敏锐洞察，我们的客户企业的企划部门从历年的暑假放假安排中寻找规律，预估了放假的开始时间，并针对放假初期这一关键时间点，选择了无骨凤爪作为切入点进行商品企划。无骨凤爪作为一款休闲小食，不仅口感鲜美、携带方便，而且适合各个年龄段的消费者，在暑假期间具有巨大的市场潜力。

在确定了以无骨凤爪为主打商品后，企划部门从休闲放假的角度出发，制订了详细的商品企划方案，包括商品的定位、价格策略、促销活动具体安排等方面。同时，采购部门也积极行动，根据当地人的口味情况对产品进行调整，增加了更多的口味供消费者选择。

在采购策略上，充分利用了之前多次 52 周 MD 重点商品的销售经验。在预估市场需求的基础上，进行了大胆的放量采购，保证了商品的充足供应。

商品到达门店后，如何进行有效的陈列和销售是实现销售目标的关键。门店根据实际情况和消费者的购买习惯，开展了极其抢眼的量感陈列。通过在显眼位置摆放大量无骨凤爪产品，并配以醒目的宣传海报和促销标签，适时地进行试吃推广，充分地吸引了消费者的注意力。

同时，在当周活动一开始，营运和采购通过不断巡店找问题点，以每 1—2 天的速度进行调整。各个门店向标杆门店对齐，从陈列方式、销售策略到试吃活动等方面进行了多次不断的调整与精进。这些努力最终取得了良好的回报，从销售和毛利贡献上都取得了显著的提升：单周销售达到了数吨，销售额同比增长了 343%，毛利率也达到了 22%。

我们从这个暑假初期的无骨凤爪营销案例可以看出，只要能够切实地贴合消费者实际的生活日历，不仅能够成功把握市场机遇，满足消费者的需求，还实现了销售与毛利的显著双增长。这充分证明了利用消费者的生活日历进行商品规划的重要性和有效性。

作—演—调的定位及配合协同

“作”之精髓

- 备齐食材
- 幕后的筹备工作，确保所有需要的食材都齐全新鲜，为后续的烹饪过程奠定坚实的基础

“演”之魅力

- 调理食材调味的人
- 厨师在舞台上展示他的烹饪技艺，通过巧妙的搭配和调味，将食材转化为一道道美味佳肴

“调”之完美

- 提供料理，确认客人的反应
- 菜品被端上餐桌，供客人品尝，同时密切关注客人的反应和反馈，以便及时调整并优化口味和呈现方式

——铃木哲男

2025 年 6 月

第 23 周

06/02 ~ 06/08

本周备选主题关键词

芒种

本周重点商品推荐

杂粮类 / 干货类 / 热带水果类 / 豆类 / 风扇类 / 整理收纳

本周要争做的标杆品类：

标杆伙伴 PI 值：　　我的 PI 值：　　与标杆差：

平均伙伴 PI 值：

我打算怎么做：

Mon 一	Tues 二	Wed 三	Thur 四	Fri 五	Sat 六	Sun 日
2 初七	3 初八	4 初九	5 芒种	6 十一	7 十二	8 十三

本周标杆：

标杆有哪些方面是做得好的：

我可以改进的方面 / 如何向标杆借鉴学习：

专题讨论：

2025 年 6 月

第24周

06/09 ~ 06/15

本周备选主题关键词

父亲节

本周重点商品推荐

杂粮类 / 干货类 / 热带水果类 / 豆类 / 风扇类 / 整理收纳

本周要争做的标杆品类：

标杆伙伴 PI 值：　　我的 PI 值：　　与标杆差：

平均伙伴 PI 值：

我打算怎么做：

Mon 一	Tues 二	Wed 三	Thur 四	Fri 五	Sat 六	Sun 日
9 十四	10 十五	11 十六	12 十七	13 十八	14 十九	15 父亲节

本周标杆：

标杆有哪些方面是做得好的：

我可以改进的方面 / 如何向标杆借鉴学习：

专题讨论：

2025 年 6 月

第 25 周

06/16 ~ 06/22

本周备选主题关键词

夏至

本周重点商品推荐

冰品类 / 冷藏饮品 / 桃李类 / 热带水果类 / 夏季床品类

本周要争做的标杆品类：

标杆伙伴 PI 值：　　我的 PI 值：　　与标杆差：

平均伙伴 PI 值：

我打算怎么做：

Mon 一	Tues 二	Wed 三	Thur 四	Fri 五	Sat 六	Sun 日
16　廿一	17　廿二	18　廿三	19　廿四	20　廿五	21　夏至	22　廿七

本周标杆：

标杆有哪些方面是做得好的：

我可以改进的方面 / 如何向标杆借鉴学习：

专题讨论：

2025 年 6 月

第26周

06/23 ~ 06/29

本周备选主题关键词

本周重点商品推荐

进口水果 / 烹调油 / 冰品类 / 禽肉类 / 游泳类 / 皮肤护理 / 杂粮粥 / 结球类 / 桃李类

本周要争做的标杆品类：

标杆伙伴 PI 值：　　我的 PI 值：　　与标杆差：

平均伙伴 PI 值：

我打算怎么做：

Mon 一	Tues 二	Wed 三	Thur 四	Fri 五	Sat 六	Sun 日
23 廿八	24 廿九	25 六月	26 初二	27 初三	28 初四	29 初五

本周标杆：

标杆有哪些方面是做得好的：

我可以改进的方面 / 如何向标杆借鉴学习：

专题讨论：

本月标杆：

标杆有哪些方面是做得好的：

我可以改进的方面 / 如何向标杆借鉴学习：

专题讨论：

本月主要工作内容总结：

存在的问题分析与改进措施：

自我管理的步骤

自我管理需要你：

1. 明确自己的优势；
2. 认识自己的工作风格；
3. 确定如何作出重大的贡献；
4. 对工作关系负起责任；
5. 为下半生创造机会。

——彼得 · 德鲁克《卓有成效管理者的实践》

52 周 MD

第 3 季度

工作手册

月历							周备注	
一	二	三	四	五	六	日	第　周	第　周
	1	2	3	4	5	6		
	建党节	初八	初九	初十	十一	十二		
7	8	9	10	11	12	13		
小暑	十四	十五	十六	十七	十八	十九		
14	15	16	17	18	19	20		
二十	廿一	廿二	廿三	廿四	廿五	初伏		
21	22	23	24	25	26	27		
廿七	大暑	廿九	三十	闰六月	初二	初三		
28	29	30	31					
初四	初五	中伏	初七					
一	二	三	四	五	六	日	第　周	第　周
				1	2	3		
				建军节	初九	初十		
4	5	6	7	8	9	10		
十一	十二	十三	立秋	十五	末伏	十七		
11	12	13	14	15	16	17		
十八	十九	二十	廿一	廿二	廿三	廿四		
18	19	20	21	22	23	24		
廿五	出伏	廿七	廿八	廿九	处暑	初二		
25	26	27	28	29	30	31		
初三	初四	初五	初六	七夕	初八	初九		
一	二	三	四	五	六	日	第　周	第　周
1	2	3	4	5	6	7		
初十	十一	十二	十三	十四	中元节	白露		
8	9	10	11	12	13	14		
十七	十八	教师节	二十	廿一	廿二	廿三		
15	16	17	18	19	20	21		
廿四	廿五	廿六	廿七	廿八	廿九	三十		
22	23	24	25	26	27	28		
八月	秋分	初三	初四	初五	初六	初七		
29	30							
初八	初九							

周备注			其他备注
第　周	第　周	第　周	第3季度
第　周	第　周	第　周	
第　周	第　周	第　周	

第 3 季度 | 每季一谈

价值营销与价格促销如何组合才能发挥最大的效果

- 价值营销解决什么问题
  - 中国消费者应该是全球最幸福的消费者了。在其他国家购物，要方便就无法便宜，要便宜就不可能保证方便，在中国则可以两者兼得，而且在中国普遍是小区高楼集中居住，电商平台在这个价值点上面有独到的优势
  - 但是电商平台也有其短板，它只能通过视觉与听觉来让人感受商品的品质，而消费者对于商品品质的感知，除了看与听之外，还有闻嗅、品尝、触摸等体验来立体验证，这种对于商品品质的确定性的感知体验只有实体商超才能提供
  - 价值营销其实就是为了满足消费者对于商品品质的立体体验这一关键核心需求而设立的，也是商超企业的差异化经营的关键部分，门店通过宣传物料来宣传商品的核心卖点，让消费者能够在 4—10 秒内捕捉到关键信息，让顾客产生想了解的兴趣点，然后提供免费试吃、试喝、试闻、试摸、试用等体验，突破顾客购物决策的最后一道屏障，从而激发顾客强烈的购买欲望
- 价格促销解决什么问题
  - 价格永远是影响消费者购物的首要因素。企业的价格促销或者说低价路线永远不能舍弃，特别是在当前电商平台上的低价如此咄咄逼人，各种折扣店的低价已经令人目不暇接的时候，价格促销这个第一营销工具永

远不能丢掉

- 对于消费者非常敏感的食百品类的熟悉商品和标准商品，也就是已经上市半年以上的商品，一定要维护好价格形象，如果价格相比于电商平台明显更高的话，肯定是很难吸引到消费者的
- 目前搬运工这一条价值链还是绝大部分商超企业的基本盘，要想把这个基本盘维持好，用强有力的价格促销来维持企业的低价形象还是非常必要的

■ 价值营销的利与弊

- 价值营销的效果是可以长期维系的，价值营销也是树立零售企业自身品牌形象的关键因素。企业只要能够不断地向消费者推荐成功的高性价比的高品质商品，就一定可以赢得顾客对于企业的尊敬和认可。
- 价值营销成本比较高，对于企业在采购、企划、营运门店三大环节之间的配合力要求很高，不容易做到位，一旦做不到位的话，就难以产生应有的效果。

■ 价格促销的利与弊

- 价格促销常常能够产生立竿见影的效果，具有见效快、效果明显的特征，也相对比较容易操作，企业对于价格促销的各种操作手法都相当熟悉
- 很多企业容易对价格促销产生依赖症，但是过于惊爆的促销往往会在后续把这些商品逼入绝境，造成严重后果

■ 价值营销与价格促销如何组合

- 在初期，以价格促销为主、价值营销为辅，当价值营销的效果渐渐地显现以后，再慢慢加大价值营销的力度和比例，缩小价格促销的力度和比例
- 在门店的资源配置上，一定要强化价值营销的资源配置，现场推销试吃试用的服务人员主要服务于价值营销商品，门店最显眼的位置一定要陈列价值营销商品

管理学转来转去，无论是 X 理论、Y 理论、Z 理论，最后都需要解决人性的问题，没有人性本恶或本善的问题，企业营造什么样的环境，员工就会成为什么样的人。

我坚信一条：不论是谁，都希望得到别人的认可，希望得到别人对他价值的肯定。

每个人的潜在能量都是无法估量的，问题就在于你能不能开发得出他潜在的能量。

——海尔集团创始人张瑞敏《永恒的活火》

月度计划甘特图	1	2	3	4	5	6	7	8	9	10	11
	周二	周三	周四	周五	周六	周日	周一	周二	周三	周四	周五

本周待办 To Do List	周	Mon 一	Tues 二
	W27	30 初六	**1 建党节**
	W28	**7 小暑**	8 十四
	W29	14 二十	15 廿一
	W30	21 廿七	**22 大暑**
	W31	28 初四	29 初五

12	13	14	15	16	17	18	19	20	21	22	23	24	25	26	27	28	29	30	31
周六	周日	周一	周二	周三	周四	周五	周六	周日	周一	周二	周三	周四	周五	周六	周日	周一	周二	周三	周四

Wed 三	Thur 四	Fri 五	Sat 六	Sun 日
2 初八	3 初九	4 初十	5 十一	6 十二
9 十五	10 十六	11 十七	12 十八	13 十九
16 廿二	17 廿三	18 廿四	19 廿五	20 初伏
23 廿九	24 三十	25 闰六月	26 初二	27 初三
30 中伏	31 初七	1 建军节	2 初九	3 初十

7 月 | 指导思想

实体商超如何成为消费者的必需

- 几乎全球其他国家的实体商超都不用解答这道题，因为在他们那里，商超本身就是顾客的首选，就是顾客的必需，但是在中国市场，至少是在国内的一、二线城市，电商已经成为大部分顾客的首选。此时，商超企业就必须思考：如何给顾客一个到店购物的充分理由
- 精选商品的理由：全球有数亿个单品，能够进一家超市门店的商品品项数也就 3 万个品以内，大多只有 1 万个 SKU。如何帮助顾客精选这 1 万—3 万个 SKU
  - 顾客在电商平台上选商品，目标非常明确时，通过搜索框搜索，然后翻页，比较方便，但是当目标不太明确时，比如“今天晚上吃什么好呢”，就很麻烦了
  - 在卖场一眼望去，很直观，能够很快得出“今晚吃什么好”的结论和最佳的解决方案
- 商品品质确认感的理由：现场对于商品的感知有着电商难以匹敌的优势
  - 食品的各种香味和酸甜苦辣等各种口味
  - 非食品的各种触觉、气味及使用体验
  - 非标品的生鲜商品更需要现场确认

- 商品价值增值的理由
  - 由原始食材变成加工食材，丰富和提升消费者的膳食生活水平
  - 中国消费者享受中国膳食文化带来的美好生活，让消费者更方便，让消费者更节省，让消费者过上更好的生活
- 源于农耕文明的中国人的群居属性，小区集中居住、广场舞、民以食为天，充满烟火气的超市给人以热气腾腾的美好生活的感觉
  - 烟火气带给消费者的情绪性感知的需求
  - 中华民族是一个喜欢热闹、喜欢集体交流的民族，比如全球独一无二的广场舞
  - 中国人对于吃的偏好与重视也是全球独一无二的，几乎什么事情都与吃有关，似乎会吃能吃就能够搞定一切

7 月 | 精彩案例

精准传递商品品质，让硒砂瓜成为畅销品

同样是硒砂瓜，为何客户企业能卖高价且畅销？消费者确实需要好商品，但需企业明白无误地把品质感表演出来。

在现代消费市场中，消费者越来越成为一个识货的群体，他们愿意为那些被显著标记为高品质的商品支付更高的价格。炎炎夏日，瓜类水果成为消费者解暑的首选。其中，硒砂瓜以其独特的口感和富含硒元素的特点，深受消费者喜爱。然而，在激烈的市场竞争中，如何让消费者认识到我们在卖的硒砂瓜品质更优，从而愿意支付更高的价格，成为众多企业面临的挑战。

尽管是市场上非常成熟的单品，价格竞争通常尤为激烈，但我们的客户企业在面对主要竞争对手每 500 克 0.99 元的销售价格时，却能够自信地将硒砂瓜定价为每 500 克 1.98 元，并且还成功实现了销售。下面就解析我们的客户企业是如何通过确保产品品质和营销策略，让消费者认识到企业所选商品的优越性，来实现高价值销售的成功案例分析。

首先，我们的客户企业在采购时精准选择了宁夏中卫地区环香山的硒砂瓜为销售产品。这一地区被认为是硒砂瓜的核心产地，以其优良的土壤条件和适宜的气候环境，所产出的硒砂瓜在品质上具有天然的优势，在保证了瓜的品质和口感的同时，还通过一瓜一标的方式，向消费者传递了企业对产品品质的重视和信心。为企业在市场竞争中赢得了消费者的信任和认可，为之后的销售奠定了坚实的基础。

在门店销售环节，客户企业没有采取一刀切的销售策略，而是通过我们的指导与企业的实践，通过深入了解消费者的家庭状况和食用情况，作出了贴近消费者需求的改变，将整个大西瓜进行分切，提供整个、半个、1/4 个、1/8 个

等多种规格供消费者选择。这种个性化的服务方式不仅满足了不同消费者的多样化需求，还提高了商品的易售性和周转率，也降低了其购买的心理门槛。

为了让消费者更直观地感受到企业所选硒砂瓜的优越品质，客户企业在门店开展了全时段的商品试吃活动。通过现场品尝，消费者能够亲身体验到硒砂瓜的美味、独特口感以及与其他竞争对手产品的品质区别，从而认可它更高的价格，增强了消费者的购买意愿。

最后，通过地理标志商品的 POP 宣传，在门店显眼位置摆放了介绍硒砂瓜产地、种植方式、营养价值等内容的 POP 海报和宣传册，让消费者在购物过程中能够了解到更多关于商品的信息。通过这种方式，企业不仅提升了硒砂瓜的品牌形象，同时也让消费者了解到硒砂瓜属于特定产区的特产，增加了其独特性和可追溯性。这种明确的商品信息传达，是提高商品附加值的关键手段，也是企业能够为硒砂瓜设定更高价格的秘诀。

综合以上各点，在当地水果市场主要竞争对手卖每 500 克 0.99 元的时候，部分企业的硒砂瓜能够定价每 500 克 1.98 元并依然受到消费者的青睐。因为他们不仅确保了商品的高品质，也通过细致的商品品质宣传和表演向消费者传达了这一价值。消费者自然愿意为更好的、更有保证的好商品支付更高的价格。硒砂瓜这个案例反映了一个普遍的市场规律：告诉消费者“我的商品品质更好”是吸引他们购买的关键。通过确保优秀的产品品质、灵活的销售策略和有效的市场宣传，企业可以成功地实现商品价值的最大化，并赢得消费者的信任与支持。

2025 年 6 月—7 月

第 27 周

06/30 ~ 07/06

本周备选主题关键词

建党节

本周重点商品推荐

冰品类 / 热带水果类 / 苹果类 / 调味菜 / 冷藏熟食 / 水产干货

本周要争做的标杆品类：

标杆伙伴 PI 值：　　我的 PI 值：　　与标杆差：

平均伙伴 PI 值：

我打算怎么做：

Mon 一	Tues 二	Wed 三	Thur 四	Fri 五	Sat 六	Sun 日
30　初六	1　建党节	2　初八	3　初九	4　初十	5　十一	6　十二

本周标杆：

标杆有哪些方面是做得好的：

我可以改进的方面 / 如何向标杆借鉴学习：

专题讨论：

2025年7月

第28周

07/07 ~ 07/13

本周备选主题关键词

小暑

本周重点商品推荐

冷藏饮品 / 冰品类 / 杂粮类 / 冷冻面点类 / 加工熟食 / 能量饮料 / 游泳类用品 / 啤酒类 / 夏季床品 /

本周要争做的标杆品类：

标杆伙伴PI值： 我的PI值： 与标杆差：

平均伙伴PI值：

我打算怎么做：

Mon 一	Tues 二	Wed 三	Thur 四	Fri 五	Sat 六	Sun 日
7 小暑	8 十四	9 十五	10 十六	11 十七	12 十八	13 十九

本周标杆：

标杆有哪些方面是做得好的：

我可以改进的方面 / 如何向标杆借鉴学习：

专题讨论：

2025 年 7 月

第 29 周

07/14 ~ 07/20

本周备选主题关键词

初伏

本周重点商品推荐

调味菜 / 豆类 / 提子类 / 水发干类 / 冰品类 / 冲饮品 / 保温杯 / 游泳类用品

本周要争做的标杆品类：

标杆伙伴 PI 值：　　我的 PI 值：　　与标杆差：

平均伙伴 PI 值：

我打算怎么做：

Mon 一	Tues 二	Wed 三	Thur 四	Fri 五	Sat 六	Sun 日
14　二十	15　廿一	16　廿二	17　廿三	18　廿四	19　廿五	20　初伏

本周标杆：

标杆有哪些方面是做得好的：

我可以改进的方面 / 如何向标杆借鉴学习：

专题讨论：

2025 年 7 月

第 30 周

07/21 ~ 07/27

本周备选主题关键词

大暑

本周重点商品推荐

冰品类 / 水饮 / 软饮 / 冲饮品 / 冷藏乳制品 / 根茎类 / 果切 / 提子类

本周要争做的标杆品类：

标杆伙伴 PI 值：　　　　我的 PI 值：　　　　与标杆差：

平均伙伴 PI 值：

我打算怎么做：

Mon 一	Tues 二	Wed 三	Thur 四	Fri 五	Sat 六	Sun 日
21　廿七	22　大暑	23　廿九	24　三十	25　闰六月	26　初二	27　初三

本周标杆：

标杆有哪些方面是做得好的：

我可以改进的方面 / 如何向标杆借鉴学习：

专题讨论：

2025 年 7 月—8 月

第 31 周

07/28 ~ 08/03

本周备选主题关键词

中伏、建军节

本周重点商品推荐

冷藏乳制品 / 结球类 / 进口水果 / 水果果切 / 牛肉类 / 冲调凉粉 /

本周要争做的标杆品类：

标杆伙伴 PI 值：　　我的 PI 值：　　与标杆差：

平均伙伴 PI 值：

我打算怎么做：

Mon 一	Tues 二	Wed 三	Thur 四	Fri 五	Sat 六	Sun 日
28　初四	29　初五	30　中伏	31　初七	1　建军节	2　初九	3　初十

本周标杆：

标杆有哪些方面是做得好的：

我可以改进的方面 / 如何向标杆借鉴学习：

专题讨论：

本月标杆：

标杆有哪些方面是做得好的：

我可以改进的方面 / 如何向标杆借鉴学习：

专题讨论：

本月主要工作内容总结：

存在的问题分析与改进措施：

月度计划甘特图	1	2	3	4	5	6	7	8	9	10	11
	周五	周六	周日	周一	周二	周三	周四	周五	周六	周日	周一

本周待办 To Do List	周	Mon 一	Tues 二
	W31	28 初四	29 初五
	W32	4 十一	5 十二
	W33	11 十八	12 十九
	W34	18 廿五	19 出伏
	W35	25 初三	26 初四

12	13	14	15	16	17	18	19	20	21	22	23	24	25	26	27	28	29	30	31
周二	周三	周四	周五	周六	周日	周一	周二	周三	周四	周五	周六	周日	周一	周二	周三	周四	周五	周六	周日

Wed 三	Thur 四	Fri 五	Sat 六	Sun 日
30 中伏	31 初七	**1 建军节**	2 初九	3 初十
6 十三	**7 立秋**	8 十五	9 末伏	10 十七
13 二十	14 廿一	15 廿二	16 廿三	17 廿四
20 廿七	21 廿八	22 廿九	**23 处暑**	24 初二
27 初五	28 初六	**29 七夕**	30 初八	31 初九

8 月 | 指导思想

是“作—演—调”还是“调—作—演”？

很多商超企业在学习了 52 周 MD 理论以后，对于究竟是“作—演—调”还是“调—作—演”，感觉很困惑：究竟是由谁来主导 52 周 MD 活动呢？是采购部门还是企划部门？

- 日本永旺公司对于 52 周 MD 的理解
  - 日本最大的零售企业——永旺关于 52 周 MD 的定义是指：实施与“顾客的生活行为”相联动的商品构成和卖场打造
  - “以周为单位”作为基础，采用 P（PLAN）、D（DO）、C（CHECK）、A（ACTION) 的方式循环递进。采购部门以重视事前规划为前提，以商品采购能力和市场分析判断作为推进 52 周 MD 的两翼
  - 从永旺对于 52 周 MD 的定义来看，我们把“作—演—调”的逻辑按照 PDCA 的业务推进逻辑去理解的话，就会比较容易理解
- 很多企业纠结于由哪个部门主导，究竟是采购还是企划，抑或营运下属的销售推进部
  - 采购部门主导的利弊
    - 有商品，商品的供应有保障，但容易迈上走量的低价促销之路
    - 不同品类之间的跨部门合作会比较差，活动的整合力比较差
  - 企划部门主导的利弊
    - 活动有主题，卖场的氛围看起来会比较热闹
    - 往往营销的内容——商品力会跟不上，浮于表面的会比较多

- 营运部门主导的利弊
  - 容易在门店落地，表演起来会比较方便
  - 容易导致采购和企划工作起来比较麻烦，效率比较低

- 要从根本上理解，我们期望通过作—演—调实现什么目的和目标
  - 52 周 MD 通过作—演—调要实现三大目标：采购、企划、营运门店之间的配合执行力即运营能力的明显提升；实现门店活性化，打造一个有趣的卖场；组织文化变革，打造智慧共享的组织，实现人尽其智的终极目标

- 实际运作中的好的案例
  - 企划、采购、营运共同参与计划，即作的过程，让作更有实效，更落地，更能够结合门店的实际情况
  - 在演的过程中，虽然是以营运门店为主，但是企划和采购也应该积极参与其中
  - 在调的过程中，企划、采购、营运门店都需要总结，既总结自己的得失，也总结别人可以改进提升的地方，即给出相关建议

8 月 | 精彩案例

以消费者为中心的木瓜丝销售案例

在当今消费者驱动的市场环境中，“以消费者为中心”不再仅仅是一句口号，而是企业生存和发展的根本。52 周 MD 理论的核心理念正是要将这一观念深植于心，并将其转化为实际行动。本文基于木瓜丝这一商品的销售案例，探讨如何真正做到以消费者为中心，希望能够给各位一些启示。

木瓜丝作为一种具有独特口感的咸菜，其爽脆和鲜美的特性本应使其在客户当地的市场上占有一席之地。然而，在过去的销售策略中，它一直被忽视。大包装的销售方式对于消费者来说并不友好，不仅购买量过大，而且不便于尝试其他新品种。因此，尽管木瓜丝本身有着不错的口感，其销售业绩却一直不尽如人意。

当采购部门将其列为当周的重点商品时，一场以消费者为中心的销售变革悄然展开。首先，在商品的陈列方式上进行大胆的改进。散装堆头、塑料盒装以及陶瓷缸装的陈列组合，不仅使木瓜丝看起来更加诱人，而且方便了消费者的选择。消费者可以根据自己的需求特点购买适量的产品，这种灵活性大大提高了顾客购买的意愿。

更值得一提的是，营运部门及门店并没有止步于此，他们进一步从消费者的体验出发，推出了免费试吃的活动。但试吃并不是简单地让顾客品尝木瓜丝，而是精心准备了白粥，让顾客在品尝木瓜丝的同时，也能体验到它与白粥搭配的美妙滋味。这种贴心的服务不仅增加了消费者对产品的了解，更在无形中拉近了企业与消费者之间的距离。

这一系列以消费者为中心的策略调整，最终取得了显著效果。木瓜丝单周内销售额达到了惊人的 11.6 万元，毛利率达到了 10%，平均 PI 更是高达 580，远远超出了初期的预估。这一成绩不仅是对销售团队努力的肯定，更是对“以消费者为中心”这一理念的最好诠释。

我们通过这个案例不难看出，以消费者为中心并不是一句空洞的口号，而是需要企业在每一个环节都真正站在消费者的角度去思考、去行动。从产品的设计、包装到销售、服务，每一个环节都应该以提升消费者的体验为目标。只有这样，才能在激烈的市场竞争中脱颖而出，赢得消费者的信赖和支持。

同时，这个案例也告诉我们，创新是推动销售的重要手段。无论是产品的陈列方式，还是试吃的服务模式，都需要企业不断地尝试和创新。只有敢于突破常规，在实践中贯彻“以消费者为中心”的理念，才能在市场中创造出新的增长点，才能在变革中立于不败之地。

2025 年 8 月

第 32 周

08/04 ~ 08/10

本周备选主题关键词

立秋、末伏

本周重点商品推荐

冷鲜牛羊肉类 / 烘焙原料 / 腊制品 / 调味菜 / 结球类 / 柑橘类 / 机能保健饮料 / 个人清洁用品 / 男士护理

本周要争做的标杆品类：

标杆伙伴 PI 值：　　我的 PI 值：　　与标杆差：

平均伙伴 PI 值：

我打算怎么做：

Mon 一	Tues 二	Wed 三	Thur 四	Fri 五	Sat 六	Sun 日
4　十一	5　十二	6　十三	7　立秋	8　十五	9　末伏	10　十七

本周标杆：

标杆有哪些方面是做得好的：

我可以改进的方面 / 如何向标杆借鉴学习：

专题讨论：

2025 年 8 月

第 33 周

08/11 ~ 08/17

本周备选主题关键词

本周重点商品推荐

沐浴洗发露 / 晾晒用品 / 根茎类 / 梨类 / 冰品类 / 冷藏饮品 / 即食食品

本周要争做的标杆品类：

标杆伙伴 PI 值： 我的 PI 值： 与标杆差：

平均伙伴 PI 值：

我打算怎么做：

Mon 一	Tues 二	Wed 三	Thur 四	Fri 五	Sat 六	Sun 日
11 十八	12 十九	13 二十	14 廿一	15 廿二	16 廿三	17 廿四

本周标杆：

标杆有哪些方面是做得好的：

我可以改进的方面 / 如何向标杆借鉴学习：

专题讨论：

2025 年 8 月

第 34 周

08/18 ~ 08/24

本周备选主题关键词

出伏、处暑

本周重点商品推荐

沐浴洗发露 / 晾晒用品 / 根茎类 / 梨类 / 冰品类 / 冷藏饮品 / 即食食品

本周要争做的标杆品类：

标杆伙伴 PI 值：　　　　我的 PI 值：　　　　与标杆差：

平均伙伴 PI 值：

我打算怎么做：

Mon 一	Tues 二	Wed 三	Thur 四	Fri 五	Sat 六	Sun 日
18　廿五	19　出伏	20　廿七	21　廿八	22　廿九	23　处暑	24　初二

本周标杆：

标杆有哪些方面是做得好的：

我可以改进的方面 / 如何向标杆借鉴学习：

专题讨论：

2025 年 8 月

第 35 周

08/25 ~ 08/31

本周备选主题关键词

七夕

本周重点商品推荐

鸭肉 / 水产干货 / 叶菜类 / 梨类 / 提子类 / 谷物饮料 / 整理收纳 / 鲜花

本周要争做的标杆品类：

标杆伙伴 PI 值：　　　　我的 PI 值：　　　　与标杆差：

平均伙伴 PI 值：

我打算怎么做：

Mon 一	Tues 二	Wed 三	Thur 四	Fri 五	Sat 六	Sun 日
25　初三	26　初四	27　初五	28　初六	29　七夕	30　初八	31　初九

本周标杆：

标杆有哪些方面是做得好的：

我可以改进的方面 / 如何向标杆借鉴学习：

专题讨论：

本月标杆：

标杆有哪些方面是做得好的：

我可以改进的方面 / 如何向标杆借鉴学习：

专题讨论：

本月主要工作内容总结：

存在的问题分析与改进措施：

月度计划甘特图	1	2	3	4	5	6	7	8	9	10	11
	周一	周二	周三	周四	周五	周六	周日	周一	周二	周三	周四

本周待办 To Do List	周	Mon 一	Tues 二
	W36	1 初十	2 十一
	W37	8 十七	9 十八
	W38	15 廿四	16 廿五
	W39	22 八月	**23 秋分**
	W40	29 初八	30 初九

12	13	14	15	16	17	18	19	20	21	22	23	24	25	26	27	28	29	30	1
周五	周六	周日	周一	周二	周三	周四	周五	周六	周日	周一	周二	周三	周四	周五	周六	周日	周一	周二	周三

Wed 三	Thur 四	Fri 五	Sat 六	Sun 日
3 十二	4 十三	5 十四	**6 中元节**	**7 白露**
10 教师节	11 二十	12 廿一	13 廿二	14 廿三
17 廿六	18 廿七	19 廿八	20 廿九	21 三十
24 初三	25 初四	26 初五	27 初六	28 初七
1 国庆节	2 十一	3 十二	4 十三	5 十四

9月 | 指导思想

如何调动采购部门参与52周MD的积极性?

采购们都说没有时间选品，没有时间进行市场调研，怎么办?

- 变“要我做”为“我要做”
  - 要把52周MD的选品工作变为采购的核心关键工作之一，在业绩和能力考评时，作为第一序列的要素来处理
  - 变每周安排为每周竞选，就像央视的《我要上春晚》节目一样，形成“我要上周MD”的竞争氛围
  - 采购是保证52周MD营销效果的最大发动机和推动力，没有采购的全力以赴，52周MD活动是不可能取得成功的
- 降低采购选品的难度
  - 做到像日本企业每周商品规划的水平确实是很难的，因为这种技术本身也是经过年复一年的使用和沉淀，才变得越来越丰富的
  - 在推进初期，适当地降低采购选品的难度是非常有必要的
  - 每周的MD价值营销商品控制在20个左右是一个比较合适的选择，这样的话，采购们的工作量也不至于非常大，从而影响到他们正常工作的开展
  - 每一名采购每个月选中1—2个单品进入周MD价值营销的序列，这应该是一项有挑战性，但是完全可以实现的工作，而且工作的质量也基本上能够得到控制

- 提高采购选品的专业度
  - 要有扎实的品类管理的理论功底，对品类管理八步法熟稔于心、运用自如
    - 品类定义、品类角色、品类评估、品类指标、品类策略、品类战术、品类计划实施、品类回顾
  - 具有比较强的沟通谈判能力
  - 采购对于市场动态要了如指掌
  - 采购对于各个品类市场变化趋势的驾驭能力
- 价值营销的选品一定要有足够的时间保证，才会取得应有的效果
  - 一般必须提前 2 个月以上作计划、作准备

生鲜板块由于价格波动比较大，一般提前两个月确定品类品种，提前一个月锁定单品，最后提前 1—2 周锁定采购价格和促销价格

9 月 | 精彩案例

云南三七口腔套包：优质商品的挑战与机遇

在如今的市场竞争中，挑选一个好的商品并非易事。这不仅需要敏锐的洞察力来捕捉消费者的需求，更需要有独到的眼光来识别那些既有实用性、价格优势，又能提升消费者生活质量的商品。对于零售商超来说，这样的挑战尤为突出。下面，就以我们曾经的客户企业挑选一款云南三七口腔套包为例，来探讨这一过程中的挑战与机遇。

云南三七口腔套包，作为一款包含牙膏的口腔护理产品，其本身的实用性不言而喻。牙膏作为日常消费品，几乎是每个家庭都必不可少的。然而，在众多的牙膏品牌中，如何让消费者选择你的产品，这就需要商品具有独特的卖点。而云南三七口腔套包的独特之处，就在于它融入了中药三七的成分。

三七作为一种中药材，对于消费者来说可能相对陌生。但正是这种陌生感，为商品带来了独特的魅力。三七具有散瘀止血、消肿止痛的功效，将其应用于口腔护理产品中，不仅能够起到清洁口腔的作用，还能对口腔健康有所裨益。这种将传统中药与现代口腔护理相结合的创新方式，无疑为商品增加了不少亮点。

然而，有了好的商品并不意味着就能轻松打开市场。如何让消费者了解并接受这款商品，是摆在客户企业面前的一大挑战。为此，客户企业从源头厂商采购这款云南三七口腔套包，并经过精心策划，决定通过展示三七的原材料来吸引消费者的注意。

在门店内，他们设置了专门的三七盆景和药材展示区。同时为了让这款商品更加具有说服力，客户企业还通过云南当地的文山学院三七研究院进行背书，不仅提升了商品的品质感，也让消费者在购买时更加放心。消费者可以近距离地看到、闻到、摸到三七这种中药材。同时，配合宣传 POP 和价格指示牌，让消费者在第一时间就能了解到这款商品的特点和价格优势。这种直观的展示方式，不仅提高了商品的透明度，也让消费者更加信任这款商品。

在销售过程中，客户企业还运用了 52 周 MD 理论中的一句话："如果是便宜的商品要显得更加便宜，如果是优质的商品要显得更加优质。"他们通过合理的定价和促销活动，让消费者感受到这款商品不仅品质上乘，而且价格亲民。这种高性价比的商品，自然能够吸引更多的消费者前来购买。

经过一系列的努力和尝试，云南三七口腔套包最终取得了令人瞩目的销售业绩。在当周的销售中，单品 PI 达到了 280，销售占个人清洁品类的 9.8%，毛利率高达 15%。这一成绩不仅证明了客户企业的营销策略是成功的，也说明了挑选一款好的商品对于零售商超来说是多么重要。

总的来说，云南三七口腔套包的成功上市和热销是客户企业精心策划和努力的结果。他们通过深入的市场调研和商品分析，找到了商品的独特卖点；通过与权威机构的合作和精心的陈列展示，提升了商品的品质和形象；通过精准的定位和定价，保证了商品的销售量和毛利率。这种全方位、多角度的营销策略不仅为云南三七口腔套包打开了市场销路，或许也能够为您提供一些宝贵的经验和借鉴。

2025 年 9 月

第 36 周

09/01 ~ 09/07

本周备选主题关键词

中元节、白露

本周重点商品推荐

牛羊肉类 / 水产干货 / 根茎类 / 提子类 / 梨类 / 烘焙原料 / 洗洁用品 / 抽纸

本周要争做的标杆品类：

标杆伙伴 PI 值： 我的 PI 值： 与标杆差：

平均伙伴 PI 值：

我打算怎么做：

Mon 一	Tues 二	Wed 三	Thur 四	Fri 五	Sat 六	Sun 日
1 初十	2 十一	3 十二	4 十三	5 十四	6 中元节	7 白露

本周标杆：

标杆有哪些方面是做得好的：

我可以改进的方面 / 如何向标杆借鉴学习：

专题讨论：

2025 年 9 月

第 37 周

09/08 ~ 09/14

本周备选主题关键词

教师节

本周重点商品推荐

中秋月饼 / 鲜花 / 腊制品 / 结球类 / 水果礼盒 / 柑橘类 / 白酒 / 洗洁用品

本周要争做的标杆品类：

标杆伙伴 PI 值：　　我的 PI 值：　　与标杆差：

平均伙伴 PI 值：

我打算怎么做：

Mon 一	Tues 二	Wed 三	Thur 四	Fri 五	Sat 六	Sun 日
8　十七	9　十八	10　教师节	11　二十	12　廿一	13　廿二	14　廿三

本周标杆：

标杆有哪些方面是做得好的：

我可以改进的方面 / 如何向标杆借鉴学习：

专题讨论：

2025 年 9 月

第 38 周

09/15 ~ 09/21

本周备选主题关键词

本周重点商品推荐

禽肉类 / 腊制品 / 苹果类 / 菇菌类 / 叶菜类 / 中秋月饼 / 烹调油 / 洗衣液

本周要争做的标杆品类：

标杆伙伴 PI 值：　　　　我的 PI 值：　　　　与标杆差：

平均伙伴 PI 值：

我打算怎么做：

Mon 一	Tues 二	Wed 三	Thur 四	Fri 五	Sat 六	Sun 日
15　廿四	16　廿五	17　廿六	18　廿七	19　廿八	20　廿九	21　三十

本周标杆：

标杆有哪些方面是做得好的：

我可以改进的方面 / 如何向标杆借鉴学习：

专题讨论：

2025 年 9 月

第 39 周

09/22 ~ 09/28

本周备选主题关键词

秋分

本周重点商品推荐

禽肉类 / 腊制品 / 苹果类 / 菇菌类 / 叶菜类 / 中秋月饼 / 烹调油 / 洗衣液

本周要争做的标杆品类：

标杆伙伴 PI 值：　　我的 PI 值：　　与标杆差：

平均伙伴 PI 值：

我打算怎么做：

Mon 一	Tues 二	Wed 三	Thur 四	Fri 五	Sat 六	Sun 日
22　八月	23　秋分	24　初三	25　初四	26　初五	27　初六	28　初七

本周标杆：

标杆有哪些方面是做得好的：

我可以改进的方面 / 如何向标杆借鉴学习：

专题讨论：

本月标杆：

标杆有哪些方面是做得好的：

我可以改进的方面 / 如何向标杆借鉴学习：

专题讨论：

本月主要工作内容总结：

存在的问题分析与改进措施：

要事第一

卓有成效的管理者不会疲于奔命。他们步履轻松，但一直稳步前进。有效的管理者知道他们必须完成许多工作，但他们在一段时间内只集中精力做好一件事情——集中他们本人的时间和精力，以及整个组织的时间和精力。他们坚持把重要的事情放在前面先做，而且每次只做好一件事。

要集中精力，就要有足够的勇气，按照自己对于真正重要的、优先的事情的判断来安排时间和工作。只有这样，管理者才能成为时间和任务的主人，而不会成为它们的“奴隶”。

——彼得 · 德鲁克《卓有成效管理者的实践》

52 周 MD

第 4 季度

工作手册

月历							周备注	
一	二	三	四	五	六	日	第　周	第　周
		1	2	3	4	5		
		国庆节	十一	十二	十三	十四		
6	7	8	9	10	11	12		
中秋节	十六	寒露	十八	十九	二十	廿一		
13	14	15	16	17	18	19		
廿二	廿三	廿四	世界粮食日	廿六	廿七	廿八		
20	21	22	23	24	25	26		
廿九	九月	初二	霜降	初四	初五	初六		
27	28	29	30	31				
初七	初八	重阳节	初十	十一				
一	二	三	四	五	六	日	第　周	第　周
					1	2		
					万圣节	十三		
3	4	5	6	7	8	9		
十四	十五	十六	十七	立冬	十九	消防日		
10	11	12	13	14	15	16		
廿一	廿二	廿三	廿四	糖尿病日	廿六	廿七		
17	18	19	20	21	22	23		
廿八	廿九	三十	寒衣节	初二	小雪	初四		
24	25	26	27	28	29	30		
初五	初六	初七	感恩节	初九	初十	十一		
一	二	三	四	五	六	日	第　周	第　周
1	2	3	4	5	6	7		
十二	十三	十四	下元节	十六	十七	大雪		
8	9	10	11	12	13	14		
十九	二十	廿一	廿二	廿三	国家公祭日	廿五		
15	16	17	18	19	20	21		
廿六	廿七	廿八	廿九	三十	冬月	冬至		
22	23	24	25	26	27	28		
初三	初四	平安夜	圣诞节	初七	初八	初九		
29	30	31						
初十	二九	十二						

周备注			其他备注
第　周	第　周	第　周	第4季度
第　周	第　周	第　周	
第　周	第　周	第　周	

第 4 季度 | 每季一谈

给消费者一个到店购物的充分理由

- 站在消费者角度思考，什么才是必须到店购物的理由
  - 电商时代，消费者的购物习惯已经从一站式购齐进化到碎片式购物，从将就凑合走向一切都要最好 / 性价比最高
  - 怎样在店内给到顾客一个到店购物的理由？这个理由必须是线上无法满足的
  - 食品和百货已经很难形成与线上购物的差异化，唯有生鲜品类、食品百货中的自有品牌商品、高潜能的新品才能与线上形成差异化的竞争优势
- 消费者在线上购物还有哪些方面难以满足需求？
  - 商品的品质确定性难以保证，你在网上看到的与最终拿到手上的商品往往差距很大，远远低于你的期望值
  - 一次购买的单一商品的量常常比较多，顾客吃到后面往往感觉越来越差
- 特色化的商品往往难以在网上推广，网上的价格战常常导致劣币驱逐良币
  - 网上的非标商品，特别是生鲜商品，由于品质是变化的、不确定的，我们购物时往往不愿意选择虽然品质更好却更贵的商品，而选择低价的商品，如此一来，那些品质好的商品就会被逆淘汰了

- 我们能够给消费者一个到店购物的理由吗
  - 山姆会员店、开市客能够做到的，我们为什么不可以？
  - 让那些顾客在网上无法买到的地地道道的高品质新奇特商品在商超真正立足，就足以给顾客一个到店购物的理由
- 中国不仅是世界工厂，也是世界农场，中国的农业特色商品的空间非常大
  - 品质营销仍然是顾客的核心需求点之一
  - 中国各地的特色蔬菜水果水产及禽类商品完全可以大有作为
- 怎样给消费者一个到店购物的理由
  - 采购、企划、营运门店三位一体运作，同向同频共进
  - 门店的“演”必须让顾客感觉有趣，有趣的门店才会吸引顾客光临
  - 既要高品质又要价格便宜，已经是中国消费者的标配选择，门店必须把品质营销与价格促销有机地组合在一起

月度计划甘特图	1	2	3	4	5	6	7	8	9	10	11
	周三	周四	周五	周六	周日	周一	周二	周三	周四	周五	周六

本周待办 To Do List	周	Mon 一	Tues 二
	W40	29 初八	30 初九
	W41	**6 中秋节**	7 十六
	W42	13 廿二	14 廿三
	W43	20 廿九	21 九月
	W44	27 初七	28 初八

12	13	14	15	16	17	18	19	20	21	22	23	24	25	26	27	28	29	30	31
周日	周一	周二	周三	周四	周五	周六	周日	周一	周二	周三	周四	周五	周六	周日	周一	周二	周三	周四	周五

Wed 三	Thur 四	Fri 五	Sat 六	Sun 日
1 国庆节	2 十一	3 十二	4 十三	5 十四
8 寒露	9 十八	10 十九	11 二十	12 廿一
15 廿四	**16 世界粮食日**	17 廿六	18 廿七	19 廿八
22 初二	**23 霜降**	24 初四	25 初五	26 初六
29 重阳节	30 初十	31 十一	1 万圣节	2 十三

10 月 | 指导思想

什么样的采购才是优秀的采购?

- 采购要成为各个品类的经营者和顾客美好生活的领舞者
  - 要做各个品类的经营者，一定要有第一增长曲线、第二增长曲线、第三增长曲线的意识，内心有规划、有蓝图，出手才会专业、精彩
  - 要善于通过价值营销和价格促销这一套组合拳来确保第一增长曲线尽可能地延长生命周期、平缓下降，第二增长曲线能够顺利接班，并且冲上更高的区间
  - 要做顾客美好生活的领舞者，而不仅是陪舞者，周 MD 重点商品就是为我们给顾客美好生活领舞的这一主导思想和意识服务的
  - 要善于洞察全国大市场的消费动态，同时对于本地市场的动态保持高度的机敏与警觉
- 采购要善于引导门店
  - 作为门店的基层管理干部，往往对于老商品老品牌很熟悉，他们对这些商品的诉求也大多体现在价格层面，希望采购能够提供比竞争对手价格更低的商品，而且还要能够确保毛利率
  - 除非供应链发生重大的变化，否则要求采购在销售价格明显下降的前提下还能够确保毛利率保持不变，基本是不切实际的
  - 这时候，打组合拳就很重要，采购既要引导门店牺牲一点毛利率，然后确保销售不降甚至上升，总毛利略有下降甚至保持不变，又要引导门店多关注新品和特色商品，通过新品和特色商品的价值营销来拉升本品类的毛利率与总毛利

- ◆ 门店对于新品往往是比较抗拒的，可能存在不动销、折价损失大、陈列及服务等要求高等一系列的麻烦事，所以，总部耐心地做所属品类的门店管理人员（处长及课长）的工作，让他们对新品和所推荐的特色商品抱有信心，并且敢于尝试，这是非常关键的

■ 发现商机和放大商机

- ◆ 采购有两大职能：一是与供应商谈判，引入商品，确保比较好的交易条件，并维持供应链稳定、不缺货断货；二是抓住转瞬即逝的商机做生意，实现高难度的经营目标（高销量 + 毛利）。对于第一项职能，各家企业的采购大多是具备的，但具备第二项职能的采购则少之又少，因为第二项职能是要担风险的，难度系数比第一项高很多。
- ◆ 想要发现商机和放大商机，平时就要有储备，包括各种人脉的储备、能够获取各种第一手的信息资源、对各种影响本品类的市场因素保持高度的敏感，只有这样，当市场机遇来临时，才可能加以识别和利用。

■ 阿米巴经营的领导者

- ◆ 很多人认为阿米巴经营的关键在于划小责任单位、责权利明晰，倘若这种假设成立的话，那么是不是意味着菜市场的小摊小贩就是最高效的
- ◆ 我们认为，阿米巴经营的最核心关键点其实在于“与我有关、即时干预”，由于科层组织架构的信息传递太慢，往往燃烧企业利润的大火烧了很久之后，才被发现和扑灭。为什么没有在第一时间，由听见炮火的人、由看得见火星火苗的人，把星星之火扑灭呢
- ◆ 采购如果能够扮演好阿米巴领导者的角色，及时地给予门店指导，情况就会大不一样，企业的机会损失就会小很多

10 月 | 精彩案例

演绎 52 周 MD 精髓，做到门店活性化

中秋佳节，这个承载着中国人千年情感与记忆的美好节日，历来是团圆与温馨的象征。此刻，商超的经营者如同导演一般，精心策划着一场场吸引顾客眼球，让顾客流连忘返，同时又提升业绩的盛宴。而我们的客户企业，更是通过细致入微的“作—演—调”，实现了“门店活性化”这一 52 周 MD 第二阶段的目标。

在门店布局方面，他们巧妙地运用中秋节的传统文化元素，如月亮、玉兔等，进行门店的装饰和布置。尤其是那大型的月亮拱门，更是营造出一种浓厚的节日氛围，让人仿佛置身于一个梦幻般的童话世界。针对月饼这些重点商品，安排在门店最显眼的黄金地段，犹如明星般熠熠生辉，吸引着消费者的目光。为了营造高端、大气、上档次的氛围，门店利用灯光、装饰和道具等手段，匠心独运地打造出一个个充满艺术感和品质感的月饼展示区。这些展示区不仅令人赏心悦目，更在无形中提升了商品的档次和价值。

为了让顾客更加深入地了解商品，门店还通过海报、展板等宣传工具，将月饼的特色食材、制作工艺和特色口感等信息一一呈现给消费者。这些细致入微的介绍，让消费者在购买时能够充分感受到商品的高品质，从而产生强烈的购买欲望。

而试吃环节更是让顾客近距离感受商品魅力的绝佳机会。尽管月饼作为传统食品，消费者对其口味、口感已有一定的了解，但高品质的月饼试吃仍然能够引发顾客的好奇心和兴趣。门店用精美的托盘和道具盛装试吃样品，让顾客一眼就能看出其高品质和独特之处。这种直观的感官体验，让顾客在购买时更加放心和满意。

客户企业还注重与消费者的互动和沟通。他们通过举办中秋节主题活动、开展线上线下的互动游戏、亲子冰皮月饼制作活动等方式，让消费者在购物的同时也能感受到节日的欢乐和温暖，让消费者在购物之余也能参与到传统文化的体验中。这些活动不仅增强了消费者对企业商家品牌的认知和忠诚度，也为企业带来了更多的客流和销售机会。

同时，客户企业还与供应商和品牌商紧密合作，开展了多种形式的促销活动。比如对主打价格的月饼进行买赠的优惠活动、对主打品质的月饼进行联名包装与供货、与水果供应商合作推出的月饼 + 水果的礼盒套装等。这些活动不仅吸引了消费者的眼球，也提升了商品的销量和客单价。同时，他们还注重活动的宣传和推广，通过线上的抖音 / 小红书等渠道的宣传、线下的发传单 / 骑行广告 / 宣传车等多渠道进行宣传，最大限度地扩大了活动的影响力和参与度。

借助视觉、听觉、嗅觉、触觉、味觉、心觉等六重感官体验，消费者不再是简单的商品购买者，还成为好商品的全方位鉴赏家，并进一步成为美好生活的体验者。这种身临其境的购物氛围，不仅彰显了商品的价值内涵，也让消费者深刻地感知到美好生活触手可及。在这样的购物环境中，消费者必然会流连忘返、如痴如醉。

52 周 MD 创始人铃木哲男曾提出，52 周 MD 有三大目标：一是实现采购—企划—营运门店的一体化运作，强化企业的运营执行力；二是实现门店活性化，让顾客确确实实地感受到“有趣的门店”，从而无法抗拒来到门店持续地购物；三是打造智慧共享的组织。我们应该能够从客户企业所创造的中秋节的营销活动场景中，感受到“有趣的门店”，感受到门店活性化。

2025 年 9 月—10 月

第 40 周

09/29 ~ 10/05

本周备选主题关键词

国庆节、长假

本周重点商品推荐

中秋月饼 / 熟食类 / 水果礼盒 / 进口水果 / 冷冻面点 / 烹调油 / 啤酒 / 洗洁用品

本周要争做的标杆品类：

标杆伙伴 PI 值：　　我的 PI 值：　　与标杆差：

平均伙伴 PI 值：

我打算怎么做：

Mon 一	Tues 二	Wed 三	Thur 四	Fri 五	Sat 六	Sun 日
29　初八	30　初九	1　国庆节	2　十一	3　十二	4　十三	5　十四

本周标杆：

标杆有哪些方面是做得好的：

我可以改进的方面 / 如何向标杆借鉴学习：

专题讨论：

2025 年 10 月

第 41 周

10/06 ~ 10/12

本周备选主题关键词

中秋节、寒露、返工

本周重点商品推荐

中秋月饼 / 禽肉类 / 水果果切 / 腊制品 / 提子类 / 叶菜类 / 酒水饮料 / 休闲食品 / 保健食品 / 洗洁用品

本周要争做的标杆品类：

标杆伙伴 PI 值：　　我的 PI 值：　　与标杆差：

平均伙伴 PI 值：

我打算怎么做：

Mon 一	Tues 二	Wed 三	Thur 四	Fri 五	Sat 六	Sun 日
6 中秋节	7 十六	8 寒露	9 十八	10 十九	11 二十	12 廿一

本周标杆：

标杆有哪些方面是做得好的：

我可以改进的方面 / 如何向标杆借鉴学习：

专题讨论：

2025 年 10 月

第 42 周

10/13 ~ 10/19

本周备选主题关键词

世界粮食日

本周重点商品推荐

禽肉类 / 禽畜腊制品 / 根茎类 / 山珍类 / 柑橘类 / 梨类 / 床上用品 / 收纳整理

本周要争做的标杆品类：

标杆伙伴 PI 值：　　我的 PI 值：　　与标杆差：

平均伙伴 PI 值：

我打算怎么做：

Mon 一	Tues 二	Wed 三	Thur 四	Fri 五	Sat 六	Sun 日
13 廿二	14 廿三	15 廿四	16 世界粮食日	17 廿六	18 廿七	19 廿八

本周标杆：

标杆有哪些方面是做得好的：

我可以改进的方面 / 如何向标杆借鉴学习：

专题讨论：

2025 年 10 月

第 43 周

10/20 ~ 10/26

本周备选主题关键词

霜降

本周重点商品推荐

腊制品 / 根茎类 / 食用菌类 / 梨类 / 休闲小食 / 洗护用品

本周要争做的标杆品类：

标杆伙伴 PI 值：　　我的 PI 值：　　与标杆差：

平均伙伴 PI 值：

我打算怎么做：

Mon 一	Tues 二	Wed 三	Thur 四	Fri 五	Sat 六	Sun 日
20　廿九	21　九月	22　初二	23　霜降	24　初四	25　初五	26　初六

本周标杆：

标杆有哪些方面是做得好的：

我可以改进的方面 / 如何向标杆借鉴学习：

专题讨论：

2025 年 10 月—11 月

第 44 周

10/27 ~ 11/02

本周备选主题关键词

重阳节、万圣节

本周重点商品推荐

结球类 / 柑橘类 / 进口饮料 / 能量饮料 / 装饰用品

本周要争做的标杆品类：

标杆伙伴 PI 值：　　我的 PI 值：　　与标杆差：

平均伙伴 PI 值：

我打算怎么做：

Mon 一	Tues 二	Wed 三	Thur 四	Fri 五	Sat 六	Sun 日
27　初七	28　初八	29　重阳节	30　初十	31　十一	1　万圣节	2　十三

本周标杆：

标杆有哪些方面是做得好的：

我可以改进的方面 / 如何向标杆借鉴学习：

专题讨论：

本月标杆：

标杆有哪些方面是做得好的：

我可以改进的方面 / 如何向标杆借鉴学习：

专题讨论：

本月主要工作内容总结：

存在的问题分析与改进措施：

月度计划甘特图	1	2	3	4	5	6	7	8	9	10	11
	周六	周日	周一	周二	周三	周四	周五	周六	周日	周一	周二

本周待办 To Do List	周	Mon 一	Tues 二
	W44	27 初七	28 初八
	W45	3 十四	4 十五
	W46	10 廿一	11 廿二
	W47	17 廿八	18 廿九
	W48	24 初五	25 初六

12	13	14	15	16	17	18	19	20	21	22	23	24	25	26	27	28	29	30	1
周三	周四	周五	周六	周日	周一	周二	周三	周四	周五	周六	周日	周一	周二	周三	周四	周五	周六	周日	周一

Wed 三	Thur 四	Fri 五	Sat 六	Sun 日
29 重阳节	30 初十	31 十一	**1 万圣节**	2 十三
5 十六	6 十七	**7 立冬**	8 十九	**9 消防日**
12 廿三	13 廿四	**14 糖尿病日**	15 廿六	16 廿七
19 三十	**20 寒衣节**	21 初二	**22 小雪**	23 初四
26 初七	**27 感恩节**	28 初九	29 初十	30 十一

11 月 | 指导思想

门店在执行 52 周 MD 计划时有顾虑，怎么办?

- 门店有顾虑是非常正常的事情
  - 怕工作量太大，很多门店对于每两周一档的 DM 促销的店内调整都已经感到头大了，如果还要每周一档，怎么可能接受
  - 目前大卖场的 DM 销量锐减，每档都要求陈列很大的量，由于商品选得很粗糙，结果导致 100 件商品堆上去，常常是八九十件商品拿下来，纯粹做无用功。这样的劳民伤财，门店员工怎能不抗拒?
  - 如今，消费升级已经非常明显了，消费升级最明显的特征就是单一商品的销售额和销售数量在一次促销期中的量都不大了，通常只能达到五六年前的 1/3、十年前的 1/10
- 关键在于培养和激发标杆，只要有敢于突破的先锋队领队，后面的追随者就会越来越多
  - 我们所倡导的 52 周 MD 技术落地中国后，当前的重点在于价值营销领域，因而如果单次推广的商品过多的话，根本就不现实，所以我们主张培养第二增长曲线和第三增长曲线，也就是有望冲进目前 A 类品序列的那些 B 类、C 类商品
  - 由于比较聚焦，这些商品取得成功的概率就很大，而且当公司上下都很重视的时候，采购花大力气在市场上去挖掘出这些商品的概率还是蛮高的，企划把这些好商品的故事讲好，门店在现场按照采购和企划的要求，也就是照着销售计划书和营销海报的落地要求去执行陈列和服务，也就不是太难的事情了

- 要用标杆化的逻辑去推动门店运营质量的持续进步
    - 前面我们已经提到了标杆化与标准化的关系，针对门店店长在执行 52 周 MD 计划时有顾虑这一点，为他们树立标杆，让他们学有榜样，打消他们的顾虑，给他们足够的动力和压力，让他们认识到“别的店长能够做好，我也肯定可以做好”，自己对照这些标杆店店长的行为找差距，是完全可以很快扭转团队中的跟风者和落后分子的畏难情绪的
    - 门店通过标杆化的思路，不断地在现有的团队中寻找最佳的榜样，然后推动平均水平以上的门店学习这些标杆店的做法，同时针对那些在平均值以下水平的门店进行整改，快速地达到平均水平，这样门店整体水平也就必然得到大幅度的提升。如此循序渐进，门店运营质量必然可以得到大幅度的改善与提升
- 让“快乐地工作”在门店的“演”中得以实现
    - 消除员工的顾虑只是一个保守的做法，只有让员工感受到工作中的乐趣、获得快乐的感觉，才是积极的应变之道
    - 52 周 MD 最终的目的就是实现“有趣的门店、快乐地工作”，也就是当顾客眼里的门店是有趣的，他才会愿意光顾；只有当员工感觉工作是快乐的，他的创造力才能够得到最大限度的发挥
    - 员工什么时候才会感觉到快乐？工作能够带给他成就感的时候，快乐是最强烈的，当我们采用标杆化管理的时候，门店的“演”就变得很有挑战性，而且这种挑战性并不是大家够不着的，是可以实现的，此时的成就感也就来了

11 月 | 精彩案例

双轮驱动：公司周年庆的商超经营智慧

在商超企业，公司周年庆作为企业文化的一部分，不仅是庆祝公司诞辰的盛事，也成为商超通过大规模促销活动感恩回馈顾客、提升销量的重要时机。零售企业的这个节日，常常是企业营销创新、提升品牌价值的重要时间节点。

根据 52 周 MD 理论，企业应当将一年分为 52 个周期，每周围绕重点商品制定采购、营运、营销等全流程的协同计划。在这个过程中，价格和价值是推动销售的双轮驱动力。在当下中国的零售市场生态环境中，单纯的价格战已经远远不足以支撑商超企业的生存，还必须借助价值营销为消费者带去与美好生活相关联的高性价比商品，给顾客一个充分的到店购物的理由。

一般的营销策略倾向于利用周年庆这样的契机进行激进的折扣促销。价格促销的确能够快速吸引顾客眼球，短时间内提升销量，然而，若缺乏足够的价值营销作支撑，价格战往往使企业获得的只是暂时的交易量，而非顾客忠诚度的提升，可持续性比较差。就像钢筋混凝土一样，价值营销是钢筋，价格促销是混凝土，价值营销 + 价格促销才会形成强大的市场影响力。

以洗衣液为例，价格促销确实可能在短期内创造巨大的客流量和销量，但随之而来的却是促销后的整体品类销售沉寂，长期来看，这种策略对于构建顾客忠诚度和品牌形象并不利，从长周期来看，企业收获的该品类的毛利反而是下降的。

鉴于此，52 周 MD 理论提出了一个更合理可行的解决方案：既关注一些走量商品的价格促销，又重视一些“新奇特”商品的价值营销，两者要取得较好的平衡。

企业须明确，公司周年庆活动不能仅仅是销售低毛利率商品，强调价格效应，还要提供与顾客美好生活息息相关的毛利率适中的“新奇特”商品，强调价值营销。在实行价格促销的同时，也应有意识地引入差异化、特色化的好商品，这些商品既可能是限量版、节庆特装，或者是与周年庆主题相关联的新品，也可能是各种特色的生鲜商品。在引入这些商品的同时，要通过适当的“演”进行该商品所具有的独特价值的宣传，要实实在在地将最具有特点的价值向顾客进行传达，用线下最大的撒手锏——最真实的“视觉、触觉、味觉、嗅觉、听觉、心觉”这六觉，让消费者能够真切地感受到这些好商品的特色与价值，再结合消费场景的打造，让顾客对这些好商品的印象深入骨髓。

在 52 周 MD 理论指导下，价格与价值双轮驱动的核心在于：周年庆这样的活动是企业与顾客互动、理解顾客需求并满足这些需求的绝佳时机。它需要采购、企划、门店以及营运等各部门通力合作，从促销活动的设计到商品的搭配，都需要围绕顾客的消费习惯和喜好展开。因此，重点商品的选择、商品的展示以及促销策略的执行必须能引起顾客的共鸣，同时赋予商品更大的附加价值。

仍以洗衣液为例，对于顾客熟悉的老品，主要是提供有竞争力的价格优惠；对于新品，则引入生态友好型、智能科技型等创新品牌的新款洗衣液，搭配销售的衣物护理配件；门店端可以通过举办使用讲座，提供家政服务体验等手段，将“洗涤”这一日常动作转变为一场关于生活方式的升级体验，或许是一种很不错的尝试。

总之，在公司周年庆这种大型营销活动中，企业务必采取价格促销与价值营销并重的双轮驱动营销策略。借助合理的价格为客户创造实惠和诱惑，但同时也要植入差异化的价值主张，通过创新体验、个性化组合等方式让顾客感受到更深层次的价值获取，使得每一次周年庆都不仅是一场价格促销盛宴，也是商品品牌和公司品牌与顾客关系深度融合、互信互容、共同成长的里程碑。

2025 年 11 月

第 45 周

11/03 ~ 11/09

本周备选主题关键词

立冬

本周重点商品推荐

鸡肉类 / 牛羊肉类 / 水饺汤圆类 / 腊制品 / 根茎类 / 苹果类 / 休闲食品 / 洗洁用品

本周要争做的标杆品类：

标杆伙伴 PI 值： 我的 PI 值： 与标杆差：

平均伙伴 PI 值：

我打算怎么做：

Mon 一	Tues 二	Wed 三	Thur 四	Fri 五	Sat 六	Sun 日
3 十四	4 十五	5 十六	6 十七	7 立冬	8 十九	9 消防日

本周标杆：

标杆有哪些方面是做得好的：

我可以改进的方面 / 如何向标杆借鉴学习：

专题讨论：

2025 年 11 月

第 46 周

11/10 ~ 11/16

本周备选主题关键词

糖尿病日

本周重点商品推荐

无糖（低糖）食品 / 根茎类 / 柑橘类 / 苹果类 / 调味品 / 谷物饮料 / 面部护理

本周要争做的标杆品类：

标杆伙伴 PI 值：　　我的 PI 值：　　与标杆差：

平均伙伴 PI 值：

我打算怎么做：

Mon 一	Tues 二	Wed 三	Thur 四	Fri 五	Sat 六	Sun 日
10 廿一	11 廿二	12 廿三	13 廿四	14 糖尿病日	15 廿六	16 廿七

本周标杆：

标杆有哪些方面是做得好的：

我可以改进的方面 / 如何向标杆借鉴学习：

专题讨论：

2025 年 11 月

第 47 周

11/17 ~ 11/23

本周备选主题关键词

寒衣节、小雪

本周重点商品推荐

牛羊肉类 / 冷冻水产 / 根茎类 / 柑橘类 / 保健酒 / 保健饮料 / 面部、皮肤护理 / 床上用品

本周要争做的标杆品类：

标杆伙伴 PI 值：　　我的 PI 值：　　与标杆差：

平均伙伴 PI 值：

我打算怎么做：

Mon 一	Tues 二	Wed 三	Thur 四	Fri 五	Sat 六	Sun 日
17　廿八	18　廿九	19　三十	20　寒衣节	21　初二	22　小雪	23　初四

本周标杆：

标杆有哪些方面是做得好的：

我可以改进的方面 / 如何向标杆借鉴学习：

专题讨论：

2025 年 11 月

第 48 周

11/24 ~ 11/30

本周备选主题关键词

感恩节

本周重点商品推荐

牛羊肉类 / 食用菌类 / 柑橘类 / 苹果类 / 保健酒 / 常温奶 / 整理收纳类

本周要争做的标杆品类：

标杆伙伴 PI 值：　　我的 PI 值：　　与标杆差：

平均伙伴 PI 值：

我打算怎么做：

Mon 一	Tues 二	Wed 三	Thur 四	Fri 五	Sat 六	Sun 日
24　初五	25　初六	26　初七	27　感恩节	28　初九	29　初十	30　十一

本周标杆：

标杆有哪些方面是做得好的：

我可以改进的方面 / 如何向标杆借鉴学习：

专题讨论：

本月标杆：

标杆有哪些方面是做得好的：

我可以改进的方面 / 如何向标杆借鉴学习：

专题讨论：

本月主要工作内容总结：

存在的问题分析与改进措施：

月度计划甘特图	1	2	3	4	5	6	7	8	9	10	11
	周一	周二	周三	周四	周五	周六	周日	周一	周二	周三	周四

本周待办 To Do List	周	Mon 一	Tues 二
	W49	1 十二	2 十三
	W50	8 十九	9 二十
	W51	15 廿六	16 廿七
	W52	22 初三	23 初四
	W53	29 初十	30 二九

12	13	14	15	16	17	18	19	20	21	22	23	24	25	26	27	28	29	30	31
周五	周六	周日	周一	周二	周三	周四	周五	周六	周日	周一	周二	周三	周四	周五	周六	周日	周一	周二	周三

Wed 三	Thur 四	Fri 五	Sat 六	Sun 日
3 十四	**4 下元节**	5 十六	6 十七	**7 大雪**
10 廿一	11 廿二	12 廿三	**13 国家公祭日**	14 廿五
17 廿八	18 廿九	19 三十	20 冬月	**21 冬至**
24 平安夜	**25 圣诞节**	26 初七	27 初八	28 初九
31 十二	1 元旦	2 十四	3 十五	4 十六

12 月 | 指导思想

在碎片化购物的时代如何把握商机？

- 何为碎片化购物
  - 在电商兴起之前，我们可能都是花费整段时间去大卖场或者超市购物的，那时候我们会考虑一站式购齐，因为来购物一次在路上花费的时间就不少，所以尽可能多买一点，哪怕那些东西不是很合意
  - 如今，电商购物在中国的城市消费人群中占有统治地位，人们几乎可以利用一切琐碎的时间进行购物，所以在碎片化购物的时代，消费者的兴趣消费和情绪性购物的特征越来越明显，现在已经是一个接近完全个性化消费的时代
  - 碎片化购物的时代，K 型消费特征会越来越明显，一方面，顾客会愿意为符合自己心意的商品买单，即便价格比较高，这是 K 型曲线向上的部分；另一方面，顾客则追求极致的性价比，在同等品质或者是他认为的同等品质下，寻求最低价格
  - 从某种意义上来说，中国的消费者已经成为全世界最任性、最有个性，或者说是最幸福的消费者了，他们的个性化需求有着无数的商家去响应和满足，因为这些商家也要活下去
- 为什么一站式购齐的逻辑已经基本不成立
  - 如果从极致性价比的角度去思考，消费是没有降级之说的，特别是对于一个一直在往上走、持续增长的经济体来说
  - 极致性价比的概念就是以前我认为这件奢侈品值 10000 元，可能我愿意花 10000 元去买，而现在我的内心仍然认为它值 10000 元，但我希望自

己只需花费 5000 元，它的性价比就提高了一倍

- 一站式购物的逻辑在于当我们购物时，如果选择其他门店所花费的时间成本和交通成本比较高，那么我们宁愿迁就一下，能够一次性把想买的东西买全就 OK 了。但是在电商处于统治地位的时代，一切可以通过电商搞定，我们可以在 1—3 分钟内在排名前 5—10 名的网站 App 上面挑选一款性价比最高的同类商品，切换的成本非常低，此时我们当然希望自己买到的每一件商品都称心如意了。只要不用迁就，我们每次去门店购物时就会选择最佳的选项，而且可以在线下门店和网上之间非常自如地切换，这时商超企业如果还是按照过去的一站式购齐思路来设计商品结构的话，一定会有大量的商品因为周转太慢、动销率太低，而不得不被门店舍弃

- 顾客关注的点如何带给我们商机
  - 在碎片化购物的时代，如何吸引顾客更多地到店购物？有两点是可以明显地吸引顾客的：一是能够买到被他自己验证的好东西，那些在现场通过视觉、听觉、嗅觉、味觉、触觉检验以后确认的好东西，是互联网很难给到顾客的
  - 二是设法向顾客提供具有极致性价比的东西，即便不能做到比所有的电商都便宜，至少要能够比京东、天猫这类传统电商的价格低或者基本与之保持一致
  - 当顾客每次都能够在门店买到满足这两种需求的东西的时候，偶尔再顺便买一些别的东西，这样顾客到店购物的理由也就比较充分了
- 在碎片化购物的时代，实体商超怎样才能扬长避短、生存下去

- 做减法，在既有的价值链中极限地压缩成本：做减法主要是在搬运工价值链上，也就是在从生产商搬运商品到顾客手里的过程中并没有对商品本身有什么增加的附加价值，充其量只是担当了一个搬运工的角色而已，在这个价值链上面，比拼的只能是效率，看谁的成本更低，看谁能够承受的售价更低
- 做加法，利用场的优势做加法，给顾客一个到店购物的充分理由
  - 一是帮助顾客浓缩浏览商品和选择商品的时间，充分展示商品的品质和卖点，给顾客以品质的确认感
  - 二是对于生鲜商品能够进行深加工，在短保的净菜配菜品类上下功夫，通过门店前台的场与公司生鲜加工中心这个后台的场相互间的配合，既能够节省人工成本和场地成本，又能够把门店的烟火气和锅气做到位，给顾客一个到店购物的充分理由
- 商超企业只有运用组合拳、零售截拳道，才能将自己的优势充分发挥出来，并尽可能地规避自己的劣势，才可能在当下这种残酷的零售市场竞争中让自己活下来，并最终能够“剩者为王”

管理上司的秘诀在于帮助上司充分发挥长处。

卓有成效的管理者会想方设法帮助上司充分发挥长处，他不会太担心上司不能做什么。

因此，卓有成效的管理者会问：“我的上司在哪些方面能够真正表现出色？他取得了哪些成就？要发挥优势，他还需要知道些什么？为了让他有所作为，我需要做些什么？”

——彼得 · 德鲁克《卓有成效的管理者》

12 月 | 精彩案例

优衣库 52 周 MD 的“调”之智慧：高要求下的人员能力与精准协同

在优衣库的经营哲学中，“调”不仅是一个战术性的动作，更是一种战略性的能力。这种能力对于企业人员的要求极高，远非简单的开会总结和行动执行所能涵盖。它要求相关人员必须完全从顾客的角度出发，具备高度的数据敏感性和市场洞察力，能够实现从事后诸葛亮的死后验尸式分析到事前的洞察—预测性分析的跨越式能力提升。

首先，从顾客的角度思考是“调”的核心要求。优衣库深知，顾客是市场的主体，是销售业绩的源泉。因此，企业人员必须时刻将顾客的需求和体验放在首位，从他们的购物习惯、消费心理等方面进行深入剖析，以找出潜在的改进点和增长点。这种以顾客为中心的思考方式，不仅要求企业人员具备丰富的市场知识和敏锐的商业嗅觉，更要求他们能够换位思考，完全站在顾客的角度去审视每一个细节，从而确保每一次调整都能更加精准地满足市场需求。

其次，高度的数据敏感性和市场洞察力是“调”的基石。在优衣库的经营模式中，数据被赋予了极高的地位。企业人员需要通过对销售数据、库存数据、顾客反馈数据等多维度信息的深入挖掘和分析，来准确把握市场动态和消费者需求的变化趋势。同时，他们还需要具备敏锐的市场洞察力，能够及时发现并抓住市场中的新机遇和新挑战。这种对数据和市场的敏感性，要求企业人员必须具备扎实的专业知识和丰富的实战经验，能够在海量信息中迅速提炼出有价值的信息，为企业的决策提供有力支撑。

在零售行业中，上海尚益咨询以其深厚的专业知识和丰富的实践经验，成为众多企业信赖的合作伙伴。在中国推广 52 周 MD 的落地实践中，我们通过不断试错与实践，积累了宝贵经验，并形成了一套独特的且为企业量身定制的52周MD数字化报告系统。这套报告以低成本甚至零成本的方式，帮助企业能够更加及时地进行每天的52周MD总结，实现更快速的“调”。通过这套数字化报告，企业能够更加高效地“作”出决策，并精准地“演”绎市场趋势，为企业提升52周MD执行效率提供了助力。

最后，从事后分析到预测性分析的跨越式能力提升是“调”的终极目标。在传统的经营模式中，企业人员往往只能在事后对销售结果进行总结和分析，这种滞后性的分析方式往往无法及时发现问题并采取相应的改进措施。然而，在优衣库的经营哲学和上海尚益咨询的理念中，“调”要求企业人员必须具备预测性分析的能力，能够在事前对销售趋势进行准确预判，并制定相应的应对策略，在事中及时地发现问题和改进问题，让后续的结果能够很快恢复到正常的状态。这种能力的提升，不仅要求企业人员具备深厚的行业知识和丰富的实战经验，更要求他们具备前瞻性的分析判断能力，并做到即时发现问题、洞察问题及创新性地解决问题。

综上所述，“调”在优衣库的经营哲学和52周MD中代表着一种高要求下的人员能力与精准协同。它要求企业人员必须从顾客的角度出发，具备高度的数据敏感性和市场洞察力，并能够实现从事后分析、事中监控分析到预测性分析的跨越式能力提升。如何在激烈的市场竞争中脱颖而出并持续保持领先地位，借鉴优衣库的“调”之智慧，不断提升自身的人员能力和协同效率，是企业落地52周MD的良好选择。

2025 年 12 月

第 49 周

12/01 ~ 12/07

本周备选主题关键词

下元节、大雪

本周重点商品推荐

牛羊肉类 / 食用菌类 / 有机蔬菜 / 柑橘类 / 皮肤护理 / 保暖内衣

本周要争做的标杆品类：

标杆伙伴 PI 值：　　我的 PI 值：　　与标杆差：

平均伙伴 PI 值：

我打算怎么做：

Mon 一	Tues 二	Wed 三	Thur 四	Fri 五	Sat 六	Sun 日
1　十二	2　十三	3　十四	4　下元节	5　十六	6　十七	7　大雪

本周标杆：

标杆有哪些方面是做得好的：

我可以改进的方面 / 如何向标杆借鉴学习：

专题讨论：

2025 年 12 月

第 50 周

12/08 ~ 12/14

本周备选主题关键词

本周重点商品推荐

牛羊肉类 / 食用菌类 / 柑橘类 / 皮肤护理 / 白酒 / 保温杯

本周要争做的标杆品类：

标杆伙伴 PI 值：　　我的 PI 值：　　与标杆差：

平均伙伴 PI 值：

我打算怎么做：

Mon 一	Tues 二	Wed 三	Thur 四	Fri 五	Sat 六	Sun 日
8 十九	9 二十	10 廿一	11 廿二	12 廿三	13 国家公祭日	14 廿五

本周标杆：

标杆有哪些方面是做得好的：

我可以改进的方面 / 如何向标杆借鉴学习：

专题讨论：

2025 年 12 月

第 51 周

12/15 ~ 12/21

本周备选主题关键词

冬至

本周重点商品推荐

禽肉类 / 牛羊肉类 / 水饺类 / 腊制品 / 叶菜类 / 梨类 / 保健品 / 防过敏类 / 保暖用品

本周要争做的标杆品类：

标杆伙伴 PI 值：　　我的 PI 值：　　与标杆差：

平均伙伴 PI 值：

我打算怎么做：

Mon 一	Tues 二	Wed 三	Thur 四	Fri 五	Sat 六	Sun 日
15　廿六	16　廿七	17　廿八	18　廿九	19　三十	20　冬月	21　冬至

本周标杆：

标杆有哪些方面是做得好的：

我可以改进的方面 / 如何向标杆借鉴学习：

专题讨论：

2025 年 12 月

第 52 周

12/22 ~ 12/28

本周备选主题关键词

圣诞节

本周重点商品推荐

牛羊肉类 / 根茎类 / 食用菌类 / 桃李类 / 冲饮品 / 干果 / 个人护理用品 / 保暖用品

本周要争做的标杆品类：

标杆伙伴 PI 值：　　我的 PI 值：　　与标杆差：

平均伙伴 PI 值：

我打算怎么做：

Mon 一	Tues 二	Wed 三	Thur 四	Fri 五	Sat 六	Sun 日
22　初三	23　初四	24　平安夜	25　圣诞节	26　初七	27　初八	28　初九

本周标杆：

标杆有哪些方面是做得好的：

我可以改进的方面 / 如何向标杆借鉴学习：

专题讨论：

2025 年 12 月—2026 年 1 月

第 53 周

12/29 ~ 01/04

本周备选主题关键词

二九、跨年、元旦

本周重点商品推荐

牛羊肉类 / 面点类 / 干果炒货 / 根茎类 / 柑橘类 / 调味品 / 皮肤护理用品

本周要争做的标杆品类：

标杆伙伴 PI 值：　　我的 PI 值：　　与标杆差：

平均伙伴 PI 值：

我打算怎么做：

Mon 一	Tues 二	Wed 三	Thur 四	Fri 五	Sat 六	Sun 日
29 初十	30 二九	31 十二	1 元旦	2 十四	3 十五	4 十六

本周标杆：

标杆有哪些方面是做得好的：

我可以改进的方面 / 如何向标杆借鉴学习：

专题讨论：

本月标杆：

标杆有哪些方面是做得好的：

我可以改进的方面 / 如何向标杆借鉴学习：

专题讨论：

本月主要工作内容总结：

存在的问题分析与改进措施：

2025

— 全年总结 —

给自己这一年表现的评价：

□优 □良 □中 □及格 □差

给自己所在部门的总体评价：

□优 □良 □中 □及格 □差

- 本年度完成了哪些重要的任务？
- 年初制订的计划完成情况如何？
- 这一年取得了怎样的成效？工作的亮点有哪些？

经营业绩、人才团队、营销、创新、管理基础工作如何？

在自己的领导下，这一年发生了哪些令人感动的事？遇到了哪些令人感动的人？有哪些人进步最快？有哪些项目和活动在全公司表现最佳？

• 对于 2026 年的展望

希望本门店 / 部门取得怎样的进步？有什么新计划？

跋

一转眼，一年即将过去。

我们一起携手完成了这本工作手册，我们提供了一个思维的框架，而您则用自己的手脚和大脑走完了这一年的时光。

今天，站在这样一个承前启后的历史时刻，您对自己这一年的评价会是什么？

我们曾在《52 周 MD 工作手册》（2023）的序言中提道：每个人因为以不同的状态度过 1 万小时，其结果便会截然不同。那么，此时你是否也可以掩卷沉思，这一年你究竟是以游戏状态，还是工作状态，抑或你非常优秀且达到了训练状态，度过了这一年的光阴。

现在，我们在这本《52 周 MD 工作手册》（2025）中则进一步强调了打造标杆、学习标杆、追赶标杆的理念，那么在过去的一年中，您以及您所在的部门有几次成为公司的标杆呢？如果有幸成了标杆，您是如何做到的？今后如何传承及发扬光大？如果连一次这样的机会都没有，那么是否可以反思一下，自己与其他采购或者门店相比差距究竟在哪里？究竟在哪些方面是人家做得更好，把我们甩开了，我们如何奋起直追？

商业永远是一个竞争的赛场，身在其中，我们除了像一个球队一样不断地使出全身的力气与所有的智慧去争取胜利外，没有任何躺平的机会，特别是中国零售企业的竞争早已经从十年前的小组赛，进入到现在的淘汰赛了。竞争更加残酷，我们也只有更加努力，才可能成为“剩者为王”的那位胜者。

永远陪伴您的成长！

明年见！

——上海尚益咨询　胡春才

2026年日历

马年大吉

1月

周	一	二	三	四	五	六	日
1				1 元旦	2 十四	3 十五	4 十六
02	5 小寒	6 十八	7 十九	8 三九	9 廿一	10 廿二	11 廿三
03	12 廿四	13 廿五	14 廿六	15 廿七	16 廿八	17 四九	18 三十
04	19 腊月	20 大寒	21 初三	22 初四	23 初五	24 初六	25 初七
05	26 腊八节	27 初九	28 初十	29 十一	30 十二	31 十三	

2月

周	一	二	三	四	五	六	日
05							1 十四
06	2 十五	3 十六	4 立春	5 十八	6 十九	7 二十	8 廿一
07	9 廿二	10 北小年	11 南小年	12 廿五	13 七九	14 情人节	15 廿八
08	16 除夕	17 春节	18 雨水	19 初三	20 初四	21 初五	22 八九
09	23 初七	24 初八	25 初九	26 初十	27 十一	28 十二	

3月

周	一	二	三	四	五	六	日
09							1 十三
10	2 十四	3 元宵节	4 十六	5 惊蛰	6 十八	7 十九	8 国际妇女节
11	9 廿一	10 廿二	11 廿三	12 植树节	13 廿五	14 廿六	15 国际消费者权益日
12	16 廿八	17 廿九	18 三十	19 二月	20 春分	21 初三	22 初四
13	23 初五	24 初六	25 初七	26 初八	27 初九	28 初十	29 十一
14	30 十二	31 十三					

4月

周	一	二	三	四	五	六	日
14			1 愚人节	2 十五	3 十六	4 寒食节	5 清明
15	6 十九	7 二十	8 廿一	9 廿二	10 廿三	11 廿四	12 廿五
16	13 廿六	14 廿七	15 廿八	16 廿九	17 三月	18 初二	19 上巳节
17	20 谷雨	21 初五	22 地球日	23 初七	24 初八	25 初九	26 初十
18	27 十一	28 十二	29 十三	30 十四			

5月

周	一	二	三	四	五	六	日
18					1 劳动节	2 十六	3 十七
19	4 青年节	5 立夏	6 二十	7 廿一	8 廿二	9 廿三	10 母亲节
20	11 廿五	12 廿六	13 廿七	14 廿八	15 廿九	16 三十	17 四月
21	18 初二	19 初三	20 初四	21 小满	22 初六	23 初七	24 初八
22	25 初九	26 初十	27 十一	28 十二	29 十三	30 十四	31 十五

6月

周	一	二	三	四	五	六	日
23	1 儿童节	2 十七	3 十八	4 十九	5 芒种	6 廿一	7 廿二
24	8 廿三	9 廿四	10 廿五	11 廿六	12 廿七	13 廿八	14 廿九
25	15 五月	16 初二	17 初三	18 初四	19 端午节	20 初六	21 夏至
26	22 初八	23 初九	24 初十	25 十一	26 十二	27 十三	28 十四
27	29 十五	30 十六					

7月

周	一	二	三	四	五	六	日
27			1 建党节	2 十八	3 十九	4 二十	5 廿一
28	6 廿二	7 小暑	8 廿四	9 廿五	10 廿六	11 廿七	12 廿八
29	13 廿九	14 六月	15 初伏	16 初三	17 初四	18 初五	19 初六
30	20 初七	21 初八	22 初九	23 大暑	24 十一	25 中伏	26 十三
31	27 十四	28 十五	29 十六	30 十七	31 十八		

8月

周	一	二	三	四	五	六	日
31						1 建军节	2 二十
32	3 廿一	4 廿二	5 廿三	6 廿四	7 立秋	8 廿六	9 廿七
33	10 廿八	11 廿九	12 三十	13 七月	14 末伏	15 初三	16 初四
34	17 初五	18 初六	19 七夕	20 初八	21 初九	22 初十	23 处暑
35	24 出伏	25 十三	26 十四	27 中元节	28 十六	29 十七	30 十八
36	31 十九						

9月

周	一	二	三	四	五	六	日
36		1 二十	2 廿一	3 廿二	4 廿三	5 廿四	6 廿五
37	7 白露	8 廿七	9 廿八	10 教师节	11 八月	12 初二	13 初三
38	14 初四	15 初五	16 初六	17 初七	18 初八	19 初九	20 初十
39	21 十一	22 十二	23 秋分	24 十四	25 中秋节	26 十六	27 十七
40	28 十八	29 十九	30 二十				

10月

周	一	二	三	四	五	六	日
40				1 国庆节	2 廿二	3 廿三	4 廿四
41	5 廿五	6 廿六	7 廿七	8 寒露	9 廿九	10 九月	11 初二
42	12 初三	13 初四	14 初五	15 初六	16 初七	17 初八	18 重阳节
43	19 初十	20 十一	21 十二	22 十三	23 霜降	24 十五	25 十六
44	26 十七	27 十八	28 十九	29 二十	30 廿一	31 廿二	

11月

周	一	二	三	四	五	六	日
44							1 万圣节
45	2 廿四	3 廿五	4 廿六	5 廿七	6 廿八	7 立冬	8 三十
46	9 寒衣节	10 初二	11 初三	12 初四	13 初五	14 初六	15 初七
47	16 初八	17 初九	18 初十	19 十一	20 十二	21 十三	22 小雪
48	23 下元节	24 十六	25 十七	26 感恩节	27 十九	28 二十	29 廿一
49	30 廿二						

12月

周	一	二	三	四	五	六	日
49		1 廿三	2 廿四	3 廿五	4 廿六	5 廿七	6 廿八
50	7 大雪	8 三十	9 冬月	10 初二	11 初三	12 初四	13 国家公祭日
51	14 初六	15 初七	16 初八	17 初九	18 初十	19 十一	20 十二
52	21 十三	22 冬至	23 十五	24 平安夜	25 圣诞节	26 十八	27 十九
53	28 二十	29 廿一	30 廿二	31 二九			

图书在版编目（CIP）数据
52 周 MD 工作手册 . 2025 / 胡春才 著 . — 北京：东方出版社，2024.11
— ISBN 978-7-5207-4076-0
Ⅰ . F717-62
中国国家版本馆 CIP 数据核字第 2024FQ8454 号

52 周 MD 工作手册（2025）
52 ZHOU MD GONGZUO SHUOCE (2025)

作　　者：胡春才
责任编辑：申　浩
出　　版：东方出版社
发　　行：人民东方出版传媒有限公司
地　　址：北京市东城区朝阳门内大街 166 号
邮　　编：100010
印　　刷：北京联兴盛业印刷股份有限公司
版　　次：2024 年 11 月第 1 版
印　　次：2024 年 11 月第 1 次印刷
开　　本：880 毫米 ×1230 毫米　1/32
印　　张：8.625
字　　数：100 千字
书　　号：ISBN 978-7-5207-4076-0
定　　价：68.00 元
发行电话：（010）85924663　85924644　85924641